기본한자 마스터

고사성어 따라쓰기

원창희 · 오형민 · 신재학 · 곽성심 지음

Foreign Copyright:
Joonwon Lee
Address: 10, Simhaksan-ro, Seopae-dong, Paju-si, Kyunggi-do,
         Korea
Telephone: 82-2-3142-4151
E-mail: jwlee@cyber.co.kr

기본한자 마스터
고사성어 따라 쓰기

2009. 4. 1. 1판 1쇄 발행
2018. 3. 5. 1판 4쇄 발행

지은이 | 원창희 외 3인
펴낸이 | 이종춘
펴낸곳 | BM 주식회사 성안당

주소 | 04032 서울시 마포구 양화로 127 첨단빌딩 5층(출판기획 R&D 센터)
     | 10881 경기도 파주시 문발로 112 출판정보문화산업단지(제작 및 물류)
전화 | 02) 3142-0036
     | 031) 950-6300
팩스 | 031) 955-0510
등록 | 1973. 2. 1. 제406-2005-000046호
출판사 홈페이지 | www.cyber.co.kr
ISBN | 978-89-315-8200-0 (13710)
정가 | 7,000원

이 책을 만든 사람들
책임 | 최옥현
진행 | 정지현
표지 디자인 | 박원석, 임진영
홍보 | 박연주
국제부 | 이선민, 조혜란, 김해영
마케팅 | 구본철, 차정욱, 나진호, 이동후, 강호묵
제작 | 김유석

이 책의 어느 부분도 저작권자나 BM 주식회사 성안당 발행인의 승인 문서 없이 일부 또는 전부를 사진 복사나 디스크 복사 및 기타 정보 재생 시스템을 비롯하여 현재 알려지거나 향후 발명될 어떤 전기적, 기계적 또는 다른 수단을 통해 복사하거나 재생하거나 이용할 수 없음.

■ 도서 A/S 안내

성안당에서 발행하는 모든 도서는 저자와 출판사, 그리고 독자가 함께 만들어 나갑니다.
좋은 책을 펴내기 위해 많은 노력을 기울이고 있습니다. 혹시라도 내용상의 오류나 오탈자 등이 발견되면 "좋은 책은 나라의 보배"로서 우리 모두가 함께 만들어 간다는 마음으로 연락주시기 바랍니다. 수정 보완하여 더 나은 책이 되도록 최선을 다하겠습니다.
성안당은 늘 독자 여러분들의 소중한 의견을 기다리고 있습니다. 좋은 의견을 보내주시는 분께는 성안당 쇼핑몰의 포인트(3,000포인트)를 적립해 드립니다.
잘못 만들어진 책이나 부록 등이 파손된 경우에는 교환해 드립니다.

머리말

　이 책은 우리가 꼭 알아야 할 친근하고 익숙한 고사 성어를 퍼즐 놀이에 접목시킨 것이 특징이다. 고사 성어의 유래를 통해 정확한 뜻을 이해하고 실생활에 적용시킬 수 있는 능력을 배양하도록 하였으며, 일상생활에서 사용되는 한자를 사진으로 제시하여 생활 속에서 유익하게 활용할 수 있도록 구성하였다. 또한 파자 수수께끼와 퍼즐 놀이를 통해 어렵게만 생각되던 한자를 재미있고 친숙하게 습득 할 수 있을 것이다.

❖ **뜻과 유래** : 재미있는 삽화와 유래를 통해 자연스럽게 고사 성어의 뜻을 이해할 수 있도록 하였다.

❖ **고사 성어 한자 쓰기** : 필순을 통해 한자를 바르게 쓰는 법과 고사 성어를 익힐 수 있도록 하였다.

❖ **생활 속의 한자 쓰기** : 일상생활 속에서 자주 접할 수 있는 한자를 사진과 함께 실었고, 여러 가지 한자를 써 보면서 그 뜻을 생각해 보고, 한자를 익힐 수 있도록 구성하였다.

❖ **파자 수수께끼** : 재미있는 파자 수수께끼를 통해 한자가 만들어진 제자 원리를 다양하게 상상해 볼 수 있도록 하였다.

❖ **퍼즐과 성어의 만남** : 퍼즐을 풀며 재미를 느끼면서 고사 성어 실력을 향상시킬 수 있도록 하였다.

　이 책을 통해 고사 성어를 더욱 쉽게 이해하며, 아름다운 글씨체를 익히고, 한문 실력도 몰라보게 향상되기를 바란다.

저자 일동

차 례

1. 조삼모사(朝三暮四) ········· 4
   아침에 세 개, 저녁에 네 개

2. 삼십육계(三十六計) ········· 10
   서른여섯 가지 계책 중에서 도망가는 것이 상책

3. 삼인성호(三人成虎) ········· 16
   세 사람이 짜면 시장에 호랑이가 나타나고

4. 다다익선(多多益善) ········· 22
   많으면 많을수록 좋고

5. 토사구팽(兎死狗烹) ········· 28
   토끼 사냥이 끝나면 사냥개는 삶아 먹히고

6. 각주구검(刻舟求劍) ········· 34
   뱃전에 표시하여 칼을 찾는 어리석음

7. 파죽지세(破竹之勢) ········· 40
   대나무를 쪼개는 무서운 기세

8. 결초보은(結草報恩) ········· 46
   풀을 엮어 은혜를 갚음

9. 미생지신(尾生之信) ········· 52
   여자를 향한 미생의 신의

10. 철면피(鐵面皮) ·· 58
　　🌸 얼굴에 철판을 깔고

11. 우공이산(愚公移山) ································ 64
　　🌸 어리석은 노인이 산을 옮김

12. 새옹지마(塞翁之馬) ································ 70
　　🌸 변방에 사는 늙은이의 말

13. 수어지교(水魚之交) ································ 76
　　🌸 떨어 질 수 없는 물과 물고기의 사귐

14. 모수자천(毛遂自薦) ································ 82
　　🌸 모수가 스스로를 천거함

15. 어부지리(漁夫之利) ································ 88
　　🌸 거저먹는 어부의 이익

부록 ·· 95
한자 성어

퍼즐과 성어의 만남 – 풀이 ····························· 111

파자 수수께끼 – 정답 ·· 127

1. 朝三暮四

朝 : 아침 조   三 : 석 삼
暮 : 저물 모   四 : 넉 사

아침에 세 개, 저녁에 네 개라는 뜻. 곧 ① 당장 눈앞의 이익만을 알고 그 결과가 같음을 모름의 비유. ② 간사한 잔꾀로 남을 속여 희롱함을 이르는 말.

　　중국 춘추 시대의 송(宋)나라에 원숭이를 기르는 사람이 있었다. 그런데 워낙 많은 원숭이를 기르다 보니 먹이를 대는 일이 날로 어려워졌다. 그래서 원숭이에게 나누어 줄 먹이를 줄이기로 했다.
　　그러나 먹이를 줄이면 원숭이들이 자기를 싫어할 것 같아 그는 우선 원숭이들에게 이렇게 말했다. "너희들에게 나누어 주는 도토리를 앞으로는 '아침에 세 개, 저녁에 네 개[조삼모사(朝三暮四)]'씩 줄 생각인데 어떠냐?" 그러자 원숭이들은 하나같이 화를 냈다.
　　'아침에 도토리 세 개로는 배가 고프다'는 불만임을 안 저공은 '됐다' 싶어 이번에는 이렇게 말했다. "그럼, 아침에 네 개, 저녁에 세 개[조사모삼(朝四暮三)]씩 주마." 그러자 원숭이들은 모두 기뻐했다고 한다.
　　이 때부터 간사한 꾀로 남을 속이는 일을 '朝三暮四'라고 하게 되었다.

고사 성어 한자 쓰기 1

朝 아침 조	月, 12획 一 十 十 古 古 吉 直 卓 朝 朝 朝 朝
	朝 朝 朝 朝

三 석 삼	一, 3획 一 二 三
	三 三 三 三

暮 저물 모	日, 15획 ' + ++ ++ ++ 节 苗 苩 草 莫 莫 募 墓 暮
	暮 暮 暮 暮

四 넉 사	口, 5획 丨 冂 冂 四 四
	四 四 四 四

	朝 三 暮 四

❋ 朝三暮四(조삼모사) : 아침에 3개 저녁에 4개라는 뜻으로, 간사한 꾀로 남을 속여 농락함을 이르는 말.

面 낯 면	面, 9획 一 丆 丆 丙 而 而 面 面 面
	面 面 面 面

從 좇을 종	彳, 11획 ' ノ 彳 彳 彳 彳 從 從 從 從 從
	從 從 從 從

腹 배 복	肉, 13획 丿 月 月 月 肝 脜 胪 胪 脜 胪 腹 腹 腹
	腹 腹 腹 腹

背 등 배	肉, 9획 丨 十 ㅋ 扌 北 背 背 背 背
	背 背 背 背

	面 從 腹 背

❋ 面從腹背(면종복배) : 보는 얼굴 앞에서는 복종하는 체하면서 내심으로는 배반한다.

생활 속의 한자 쓰기

燈臺 항로 표지의 하나. 바닷가나 섬 같은 곳에 탑 모양으로 높이 세워 밤에 다니는 배에 목표, 뱃길, 위험한 곳 따위를 알려 주려고 불을 켜 비추는 시설이다.
예 희망은 어두운 삶에 빛을 밝혀 주는 **등대**와 같다.

漁船 고기잡이를 하는 배.
예 큰 **어선**은 먼 바다까지 나가 고기를 잡는다.

燈 오를 등	火, 16획	ˋ ˊ ⺍ 火 灯 灯 灯 灯 灯 烘 烙 烙 燈 燈 燈 燈							
		燈	燈	燈	燈				
臺 돈대 대	至, 14획	一 十 士 吉 吉 吉 吉 吉 臺 臺 臺 臺 臺 臺							
		臺	臺	臺	臺				
漁 고기잡을 어	水, 14획	ˋ ˊ ㇀ 氵 氵 氵 汋 洆 渔 渔 漁 漁 漁 漁							
		漁	漁	漁	漁				
船 배 선	舟, 11획	ˊ ㇒ 月 月 月 舟 舟 舢 船 船 船							
		船	船	船	船				

6 朝三暮四

고사 성어 한자 쓰기 2

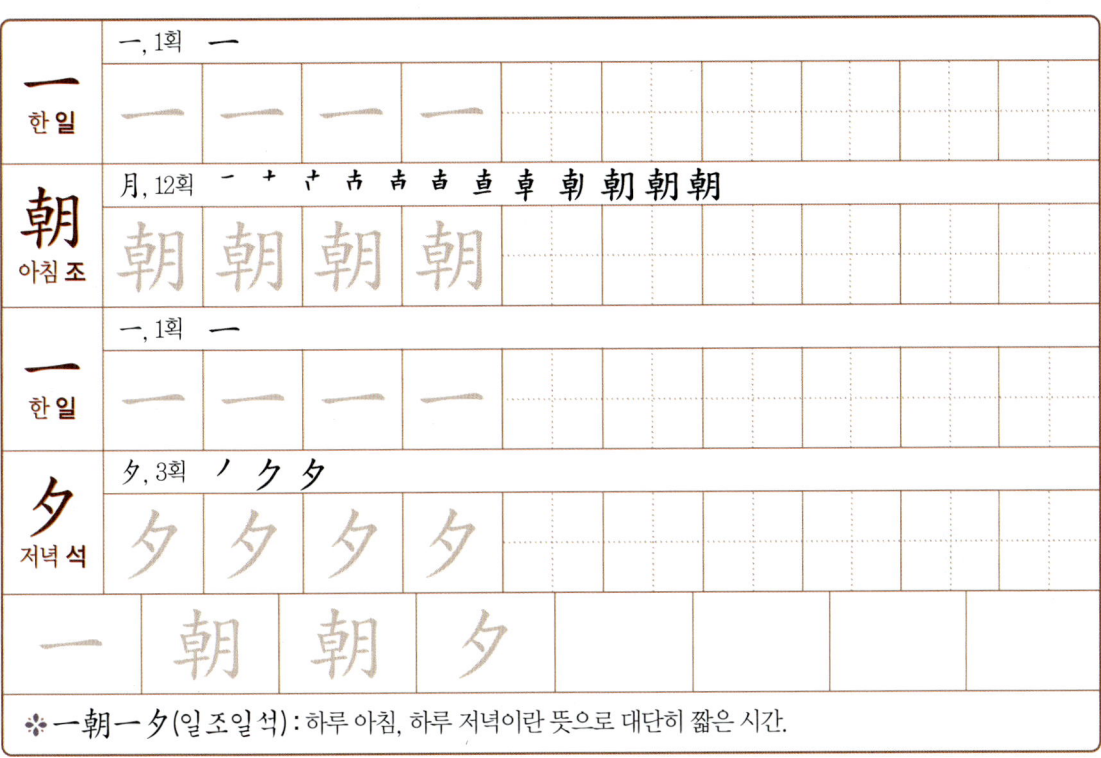

❖ 一朝一夕(일조일석) : 하루 아침, 하루 저녁이란 뜻으로 대단히 짧은 시간.

❖ 四面楚歌(사면초가) : 사방에서 초나라 노래가 들려온다. 주위가 모두 적으로 둘러싸여 고립된 경우.

고사 성어 한자 쓰기 3

背 등 배	肉, 9획	ノ 丬 北 北 北 背 背 背
	背 背 背 背	
水 물 수	水, 4획	亅 刁 扌 水
	水 水 水 水	
之 ~하는 지 (어조사)	ノ, 4획	㇀ 丶 ㇇ 之
	之 之 之 之	
陣 줄 진	阜, 10획	㇇ ㇆ 阝 阝 阝 阡 阡 阡 阡 陣
	陣 陣 陣 陣	

背 水 之 陣

❀ 背水之陣(배수지진) : 물을 등지고 치는 진법. 어떤 일에 실패하면 다시는 일어설 수 없다는 결사적인 각오로 임함.

파자 수수께끼

> **예** 소가 외나무 다리를 건너가는 글자는?
>
> 정답 : 소의 한자는 牛(우), 외나무 다리를 상징하는 한자는 一(일)이므로
> 牛 + 一 = 生(날 생)

1 몸통이 없이 입 아래에 발이 달린 글자는?

2 달이 열 개, 해가 열 개 모여서 이루어진 글자는?

퍼즐과 성어의 만남

※ 가로 세로 열쇠를 읽고 알맞은 고사 성어를 보기에서 찾아 써 봅시다.

가로열쇠

2. 아침에 3개 저녁에 4개라는 뜻으로, 간사한 꾀로 남을 속이고 농락함. 또는 눈앞에 보이는 이익만 알고 결과가 같은 것을 모름.
4. 보는 얼굴 앞에서는 복종하는 체하면서 내심으로는 배반한다.

세로열쇠

1. 하루 아침, 하루 저녁이란 뜻으로 대단히 짧은 시간.
3. 사방에서 초나라 노래가 들려온다. 주위가 모두 적으로 둘러싸여 누구의 도움도 받을 수 없는 고립된 경우.
5. 물을 등지고 치는 진법. 어떤 일에 실패하면 다시는 일어설 수 없다는 결사적인 각오로 임하는 것.

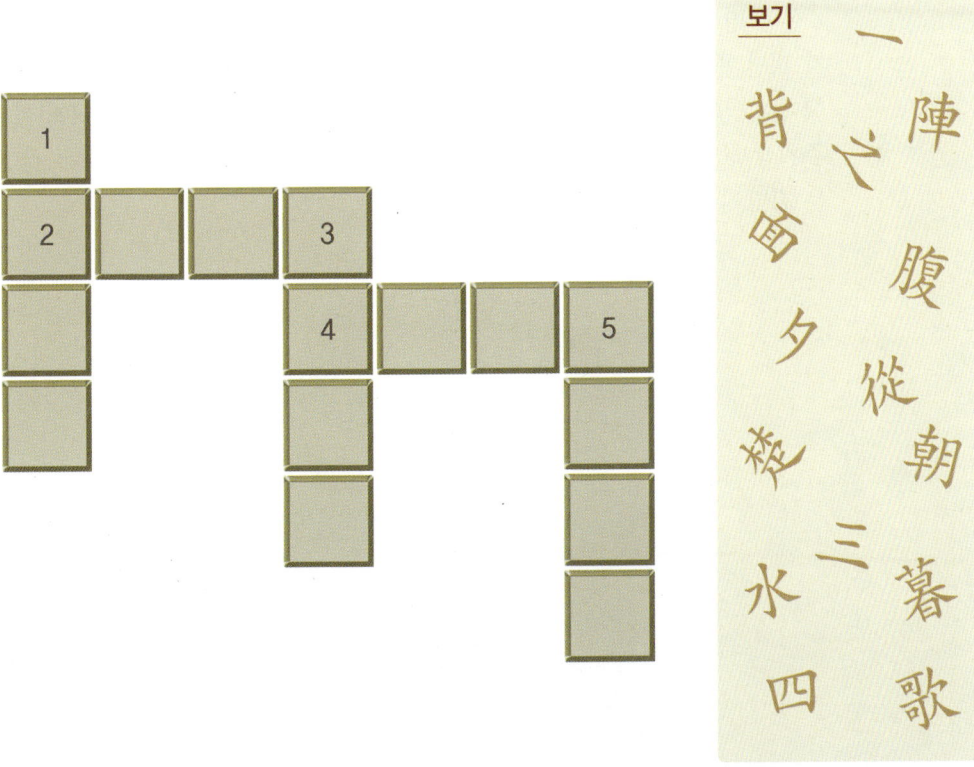

보기: 一之陣腹從朝暮歌背面夕楚三水四

2. 三十六計

三 : 석 삼
十 : 열 십
六 : 여섯 륙
計 : 꾀 계

서른여섯 가지 계책 중에서 피하는 것이 제일 좋은 계책이란 뜻으로, 일의 형편이 불리할 때는 도망가는 것이 상책이라는 말.

　남북조 시대, 제나라 5대 황제인 명제(明帝)는 3대·4대 황제를 차례로 시해하고 제위를 찬탈한 황제이다. 그는 즉위 후에도 자기를 반대하는 사람은 가차없이 잡아 죽였다.
　이처럼 피의 숙청이 계속되자 고조 이후의 옛 신하들은 불안을 느끼지 않을 수 없었다. 그 중에서도 개국 공신인 회계태수 왕경측의 불안은 날로 심해졌다. 불안하기는 명제도 마찬가지였다. 그래서 대부 장괴를 평동장군에 임명하여 회계와 인접한 오군으로 파견했다. 그러자 왕경측은 1만여 군사를 이끌고 도읍을 향해 진군하여 불과 10여 일 만에 도읍과 가까운 흥성성을 점령했다. 도중에 농민들이 가세함에 따라 병력도 10여 만으로 늘어났다.
　한편 병석의 명제를 대신하여 국정을 돌보던 태자 소보권은 패전 보고서를 받자 피난 준비를 서둘렀다. 이 소식을 전해들은 왕경측은 껄껄 웃으며 이렇게 말했다. "병법에 '서른여섯 가지 계책 중 도망가는 것이 제일 좋은 계책[삼십육계 주위상책(三十六計 走爲上計)]'이라 하더라. 이제 너희 부자에게 남은 건 도망가는 길밖에 없느니라."

고사 성어 한자 쓰기 1

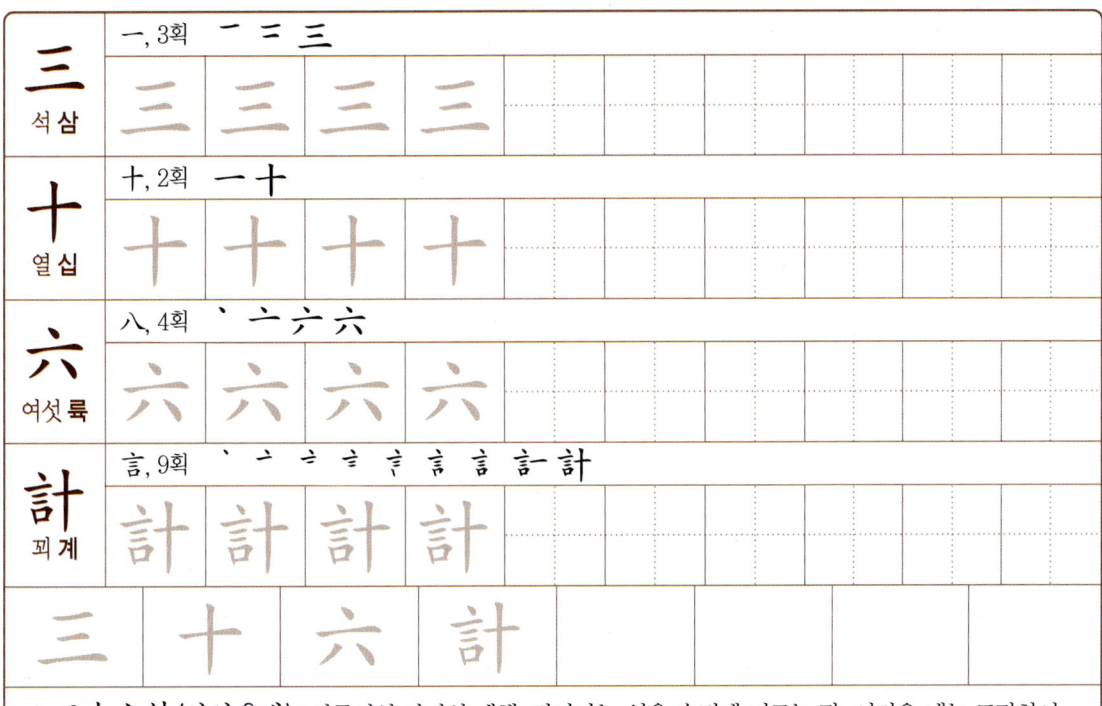

❋ 三十六計(삼십육계): 서른여섯 가지의 계책. 달아나는 일을 속되게 이르는 말. 어려운 때는 도망하여 몸을 보전함이 상책임.

❋ 先見之明(선견지명): 앞일을 미리 짐작하는 밝은 지혜.

삼십육계

생활 속의 한자 쓰기

夕陽 저녁때의 햇빛.
예 정작 먼지를 보얗게 뒤집어쓴 대여섯 명의 석방수들을 실은 트럭이 도착한 것은 **석양** 무렵이었다.

母子 어머니와 아들을 아울러 이르는 말.
예 오랜만에 만난 **모자**는 밤 깊은 줄도 모르고 이야기를 나누었다.

夕 저녁 석	夕, 3획 ノクタ
陽 볕 양	阝, 12획 ` ³ ⁸ ⁸¹ ⁸⁷ ⁸⁸ ⁸⁸ 阝 阳 陽 陽 陽
母 어머니 모	母, 5획 ㄴ 乃 母 母 母
子 아들 자	子, 3획 ㄱ 了 子

12 三十六計

고사 성어 한자 쓰기 2

| 以 써 이 | 人, 5획 丨 レ レ 以 以 |
| | 以 以 以 以 |

| 心 마음 심 | 心, 4획 ，心 心 心 |
| | 心 心 心 心 |

| 傳 전할 전 | 人, 13획 ノ 亻 亻 亻 亻 伊 伊 伸 俥 俥 傳 傳 傳 |
| | 傳 傳 傳 傳 |

| 心 마음 심 | 心, 4획 ，心 心 心 |
| | 心 心 心 心 |

| 以 | 心 | 傳 | 心 |

❊ 以心傳心(이심전심) : 말이나 글에 의하지 않고, 마음에서 마음으로 전해짐.

| 見 볼 견 | 見, 7획 丨 冂 冂 冃 目 貝 見 |
| | 見 見 見 見 |

| 物 만물 물 | 牛, 8획 ノ 一 十 牛 牜 牧 物 物 |
| | 物 物 物 物 |

| 生 날 생 | 生, 5획 ノ 一 十 牛 生 |
| | 生 生 生 生 |

| 心 마음 심 | 心, 4획 ，心 心 心 |
| | 心 心 心 心 |

| 見 | 物 | 生 | 心 |

❊ 見物生心(견물생심) : 물건을 보면 그것을 갖고 싶은 욕심이 생김.

삼십육계 13

고사 성어 한자 쓰기 3

| 以 써 이 | 人, 5획 | ㅣ ㄴ ㄴ 以 以 |
| | 以 | 以 | 以 | 以 |

| 熱 더울 열 | 火, 15획 | 一 十 土 土 夫 幸 幸 幸 刲 刲 埶 埶 埶 熱 熱 |
| | 熱 | 熱 | 熱 | 熱 |

| 治 다스릴 치 | 水, 8획 | ⺀ ⺀ ⺀ 氵 氵 治 治 治 |
| | 治 | 治 | 治 | 治 |

| 熱 더울 열 | 火, 15획 | 一 十 土 土 夫 幸 幸 幸 刲 刲 埶 埶 埶 熱 熱 |
| | 熱 | 熱 | 熱 | 熱 |

| 以 | 熱 | 治 | 熱 |

❋ **以熱治熱(이열치열)** : 열로써 열을 다스림. 강한 것에는 강한 것으로 상대함을 이르는 말.

| 作 지을 작 | 人, 7획 | ノ 亻 亻 亻 竹 作 作 |
| | 作 | 作 | 作 | 作 |

| 心 마음 심 | 心, 4획 | ㆍ 心 心 心 |
| | 心 | 心 | 心 | 心 |

| 三 석 삼 | 一, 3획 | 一 二 三 |
| | 三 | 三 | 三 | 三 |

| 日 날 일 | 日, 4획 | ㅣ 冂 日 日 |
| | 日 | 日 | 日 | 日 |

| 作 | 心 | 三 | 日 |

❋ **作心三日(작심삼일)** : 마음먹은 지 사흘을 못 넘김. 결심이 굳지 못함.

퍼즐과 성어의 만남

※ 가로 세로 열쇠를 읽고 알맞은 고사 성어를 보기에서 찾아 써 봅시다.

가로열쇠

1. 앞일을 미리 짐작하는 밝은 지혜.
3. 말이나 글에 의하지 않고, 마음에서 마음으로 전해짐.
6. 서른여섯 가지의 계책. 달아나는 일을 속되게 이르는 말. 어려운 때는 도망하여 몸을 보전함이 상책임.

세로열쇠

2. 물건을 보면 그것을 갖고 싶은 욕심이 생김.
4. 열로써 열을 다스림. 강한 것에는 강한 것으로 상대함을 이르는 말.
5. 마음먹은 지 사흘을 못 넘김. 결심이 굳지 못함.

보기

三 見
日 小 計
十 老 熱 明
老 心 作 治
物 之 生
六 傳

3. 三人成虎

三 : 석 삼   人 : 사람 인
成 : 이룰 성   虎 : 범 호

세 사람이 짜면 시장에 호랑이가 나타났다는 말도 할 수 있다는 뜻으로, 거짓말이라도 여러 사람이 하면 곧이 듣는다는 말.

　전국 시대, 위나라 혜왕 때의 일이다. 태자와 중신 방총이 볼모로 조나라의 도읍 한단으로 가게 되었다.
　출발을 며칠 앞둔 어느 날, 방총이 심각한 얼굴로 혜왕에게 이렇게 물었다.
　"전하, 지금 누가 시장에 호랑이가 나타났다고 한다면 전하께서는 믿으시겠나이까?" "누가 그런 말을 믿겠소." "하오면, 두 사람이 똑같이 시장에 호랑이가 나타났다고 한다면 어찌하시겠나이까?" "역시 믿지 않을 것이오." "만약, 세 사람이 똑같이 아뢴다면 그땐 믿으시겠나이까?" "그땐 믿을 것이오." "전하, 시장에 호랑이가 나타날 수 없다는 것은 불을 보듯 명백한 사실이옵니다. 하오나 세 사람이 똑같이 아뢴다면 시장에 호랑이가 나타난 것이 되옵니다. 신은 이제 한단으로 가게 되었사온데, 신이 떠난 뒤 신에 대해서 참언을 하는 자가 세 사람만은 아닐 것이옵니다." "염려 마오. 누가 무슨 말을 하든 과인은 두 눈으로 본 것이 아니면 믿지 않을 것이오."
　그런데 방총이 한단으로 떠나자마자 혜왕에게 참언을 하는 자가 있었다. 수년 후 볼모에서 풀려 난 태자는 귀국했으나 혜왕에게 의심을 받은 방총은 끝내 귀국할 수 없었다고 한다.

고사 성어 한자 쓰기 1

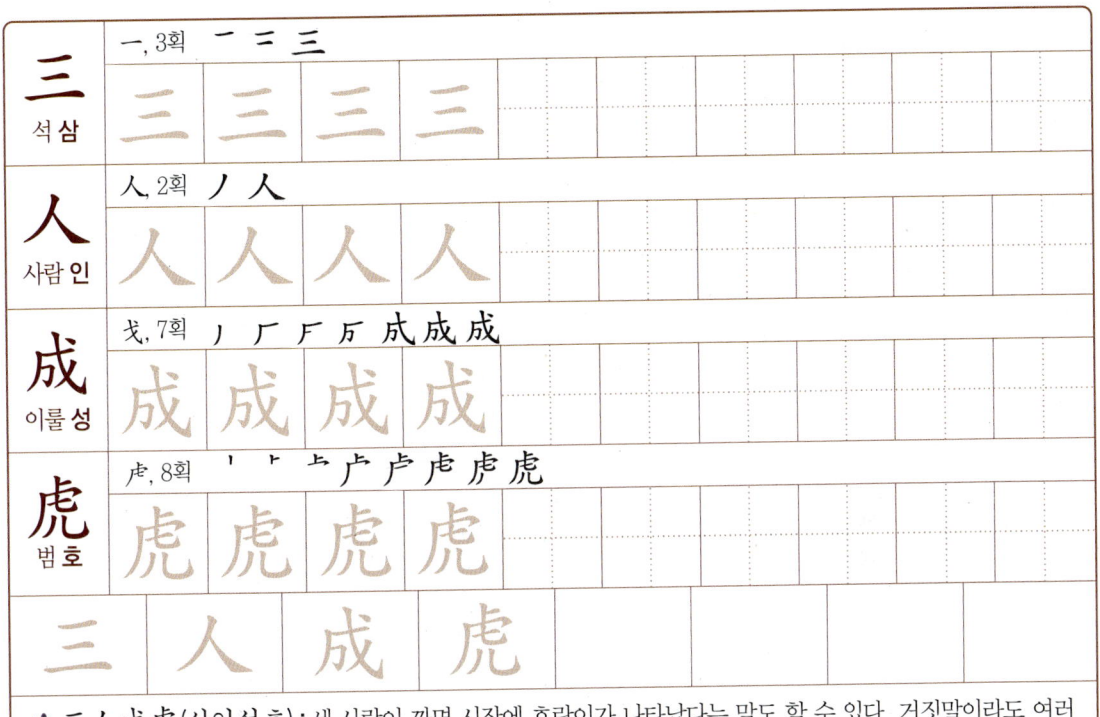

❀ 三人成虎(삼인성호) : 세 사람이 짜면 시장에 호랑이가 나타났다는 말도 할 수 있다. 거짓말이라도 여러 사람이 말하면 곧이듣게 됨.

❀ 杜門不出(두문불출) : 문을 닫아 걸고 나오지 않다. 집안에 틀어박혀 세상 밖으로 나다니지 않다.

삼인성호

생활 속의 한자 쓰기

休日 — 일요일이나 공휴일 따위의 일을 하지 아니하고 쉬는 날.
예 장마가 끝난 후 첫 **휴일**이라 그런지 유원지에 엄청난 인파가 몰렸다.

道路 — 사람, 차, 따위가 잘 다닐 수 있도록 만들어 놓은 비교적 넓은 길.
예 퇴근시간이 가까워지자 차량들이 **도로**로 몰려나오고 있었다.

休 쉴 휴	人, 6획　ノ 亻 仁 什 休 休
	休　休　休　休

日 날 일	日, 4획　丨 冂 月 日
	日　日　日　日

道 길 도	辶, 13획　丶 丷 丷 丷 丷 首 首 首 渞 渞 道 道
	道　道　道　道

路 길 로	足, 13획　丨 口 口 모 足 足 足 趵 趵 路 路 路
	路　路　路　路

18　三人成虎

고사 성어 한자 쓰기 2

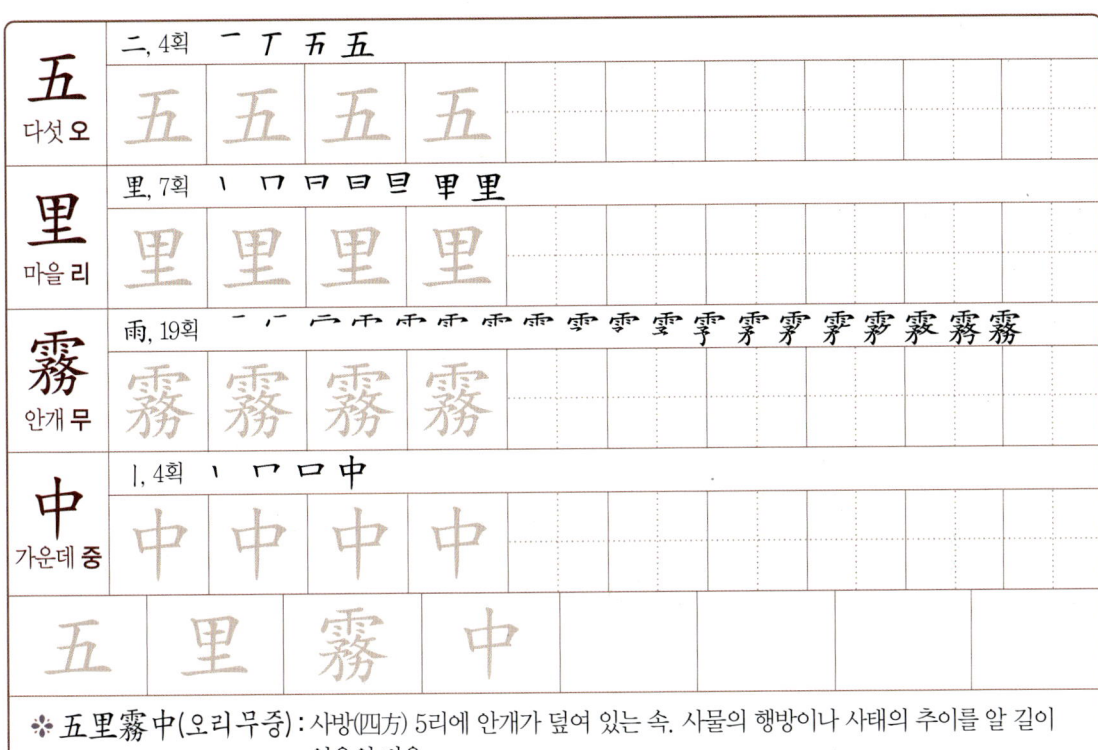

✿ 五里霧中(오리 무중) : 사방(四方) 5리에 안개가 덮여 있는 속. 사물의 행방이나 사태의 추이를 알 길이 없음의 비유.

✿ 門前成市(문전 성시) : 문 앞이 시장을 이루다. 세도가의 집 앞이 찾아오는 사람들로 시장처럼 붐빈다는 말.

고사 성어 한자 쓰기 3

三 석 삼	一, 3획 一 二 三
三 석 삼	一, 3획 一 二 三
五 다섯 오	二, 4획 一 丁 五 五
五 다섯 오	二, 4획 一 丁 五 五

❁ 三三五五(삼삼오오) : 서넛이나 대여섯 명이 떼 지어 다니는 경우.

파자 수수께끼

1. 아무리 무거워도[重], 힘[力]을 들이면 어떤 물건이라도 움직일 수 있다는 데서 '움직이다' 의 뜻을 가진 한자는?

2. 양[羊]은, 클수록[大] 아름답고 털이 곱다는 데서 '아름답다' 의 뜻으로 쓰인 한자는?

3. 글을 읽거나 글씨를 쓰는데 있어서 편안한[安] 나무[木]는 '책상' 이라는 뜻을 가진 한자는?

퍼즐과 성어의 만남

※ 가로 세로 열쇠를 읽고 알맞은 고사 성어를 보기에서 찾아 써 봅시다.

가로열쇠

1. 문을 닫아 걸고 나오지 않다. 집안에 틀어 박혀 세상 밖으로 나다니지 않다.
3. 세 사람이 짜면 시장에 호랑이가 나타났다는 말도 할 수 있다. 거짓말이라도 여러 사람이 말하면 곧이 듣게 됨.
5. 사방(四方) 5리에 안개가 덮여 있는 속. 사물의 행방이나 사태의 추이를 알 길이 없음을 비유.

세로열쇠

2. 문 앞이 시장을 이루다. 세도가의 집 앞이 찾아 오는 사람들로 시장처럼 붐빈다는 말.
4. 서넛이나 대여섯 명이 떼 지어 다니는 경우.

보기

三 不 成 里 市 霧
杜 出 前 門 虎 人 五

4. 多多益善

多 : 많을 다
益 : 더할 익

多 : 많을 다
善 : 착할 선

많으면 많을수록 좋다.

　한나라 고조 유방은 명장으로 천하 통일의 일등 공신인 초왕 한신을 위험한 존재로 여겼다. 그래서 계략을 써 그를 포박한 후 회음후로 좌천시키고 도읍 장안을 벗어나지 못하게 했다.
　어느 날, 고조는 한신과 여러 장군들의 능력에 대해서 이야기를 나누던 끝에 이렇게 물었다
"과인은 몇 만의 군사를 통솔할 수 있는 장수감이라고 생각하오?" "아뢰옵기 황공하오나 폐하께서는 한 10만쯤 거느릴 수 있으실 것으로 생각하나이다."
"그렇다면 그대는?" "예, 신은 많으면 많을수록 좋습니다.[다다익선(多多益善)]"
"많으면 많을수록 좋다? 하하하……." 고조는 한바탕 웃고 나서 물었다. "그렇다면 그대가 어찌하여 10만의 장수감에 불과한 과인의 포로가 되었는고?"
　한신은 이렇게 대답했다.
"하오나 폐하, 그것은 별개의 문제이옵니다. 폐하께서는 병사의 장수가 아니오라 장수의 장수이시옵니다. 이것이 신이 폐하에게 포로가 된 이유의 전부이옵니다."

고사 성어 한자 쓰기 1

多 많을 다	夕, 6획　ノ ク タ 多 多 多
	多　多　多　多

多 많을 다	夕, 6획　ノ ク タ 多 多 多
	多　多　多　多

益 더할 익	皿, 10획　ノ 八 ハ ハ 六 六 谷 谷 益 益
	益　益　益　益

善 착할 선	口, 12획　、 丷 丷 半 半 羊 羊 差 善 善 善
	善　善　善　善

多　多　益　善

❋ 多多益善(다다익선) : 많으면 많을수록 좋다.

張 베풀 장	弓, 11획　ㄱ ㄱ ㄢ 引 引 張 張 張 張 張 張
	張　張　張　張

三 석 삼	一, 3획　一 二 三
	三　三　三　三

李 자두나무 리	木, 7획　一 十 才 木 本 李 李
	李　李　李　李

四 넉 사	口, 5획　丨 冂 兀 四 四
	四　四　四　四

張　三　李　四

❋ 張三李四(장삼이사) : 장씨네 셋째 아들과 이씨네 넷째 아들. 지극히 평범한 사람을 이르는 말.

다다익선

생활 속의 한자 쓰기

禁止 - 하지 못하도록 함.
예 전방 지역에 내린 특별 경계령으로 사병들의 외출과 외박이 **금지**되었다.

區域 - 갈라놓은 지역.
예 전 국토를 문화의 특질에 따라 다섯 **구역**으로 분류하였다.

禁 금할 금	示, 13획	一 十 オ オ ホ 村 材 林 埜 埜 禁 禁 禁
	禁	禁 禁 禁

止 그칠 지	止, 4획	丨 ト 止 止
	止	止 止 止

區 지경 구	ㄷ, 11획	一 ㄱ 戸 百 冎 品 品 品 品 區
	區	區 區 區

域 지경 역	土, 11획	一 十 土 土 圢 圹 坷 域 域 域
	域	域 域 域

고사 성어 한자 쓰기 2

父 아버지 부	父, 4획 ノ ハ グ 父
子 아들 자	子, 3획 フ 了 子
有 있을 유	月, 6획 ノ ナ 才 有 有 有
親 친할 친	見, 16획 ` 一 亠 立 立 辛 辛 亲 剥 剥 剥 親 親

父 子 有 親

❀ **父子有親(부자유친)** : 어버이와 자식간에는 친함이 있어야 한다는 오륜(五倫)의 항목.

益 더할 익	皿, 10획 ノ ハ グ ゲ 쏘 숏 谷 谷 益 益
者 사람 자	老, 9획 一 十 土 耂 耂 孝 者 者 者
三 석 삼	一, 3획 一 二 三
友 벗 우	又, 4획 一 ナ 方 友

益 者 三 友

❀ **益者三友(익자삼우)** : 사귀어 유익한 벗 세 가지, 즉 정직한 벗, 신의가 있는 벗, 지식이 많은 벗.

고사 성어 한자 쓰기 3

四 넉 사	口, 5획 ㅣ 冂 冂 四 四
	四 四 四 四

顧 돌아볼 고	頁, 21획 ` ノ 厂 戸 戸 戸 戸 雇 雇 雇 雇 雇 雇 顧 顧 顧 顧 顧
	顧 顧 顧 顧

無 없을 무	火, 12획 ノ 亠 仁 仁 铲 鈿 銔 鈿 無 無 無
	無 無 無 無

親 친할 친	見, 16획 ` 亠 ㇗ 立 立 辛 辛 亲 亲 新 新 新 新 親
	親 親 親 親

| 四 | 顧 | 無 | 親 | | | | | |

❀ 四顧無親(사고무친) : 사방을 돌아보아도 친척이 없음. 의지 할만 데가 전혀 없음.

有 있을 유	月, 6획 ノ ナ オ 冇 冇 有
	有 有 有 有

口 입 구	口, 3획 ㅣ 冂 口
	口 口 口 口

無 없을 무	火, 12획 ノ 亠 仁 仁 铲 鈿 銔 鈿 無 無 無
	無 無 無 無

言 말씀 언	言, 7획 ` 亠 二 言 言 言 言
	言 言 言 言

| 有 | 口 | 無 | 言 | | | | | |

❀ 有口無言(유구무언) : 입은 있으나 말이 없음. 변명할 말이 없음.

퍼즐과 성어의 만남

※ 가로 세로 열쇠를 읽고 알맞은 고사 성어를 보기에서 찾아 써 봅시다.

가로열쇠

1. 많으면 많을수록 좋다. 많이 보태지면 힘이 더 난다.
3. 장씨네 셋째 아들과 이씨네 넷째 아들. 지극히 평범한 사람을 이르는 말.
5. 어버이와 자식사이에는 친함이 있어야 한다는 오륜(五倫)의 항목.

세로열쇠

2. 사귀어 유익한 벗 세 가지. 즉 정직한 벗, 신의가 있는 벗, 지식이 많은 벗.
4. 사방을 돌아보아도 친척이 없음. 의지 할만데가 전혀 없음.
6. 입은 있으나 말이 없음. 변명할 말이 없음.

5.兔死狗烹

兎 : 토끼 토　　死 : 죽을 사
狗 : 개 구　　烹 : 삶을 팽

 토끼 사냥이 끝나면 사냥개는 삶아 먹힌다는 뜻. 곧 쓸모가 있을 때는 긴요하게 쓰이다가 쓸모가 없어지면 헌신짝처럼 버려진다는 말.

 　항우를 멸하고 한나라의 고조가 된 유방은 한신을 초나라 왕에 책봉했다. 그런데 이듬해, 항우의 맹장이었던 종리매가 한신에게 몸을 의탁하고 있다는 사실을 안 고조는 지난날 그에게 고전한 악몽이 되살아나 크게 노했다.
　그래서 한신에게 종리매를 당장 압송하라고 명했으나, 종리매와 오랜 친구인 한신은 고조의 명령을 어기고 오히려 그를 숨겨 주었다. 그러자 진노한 고조가 한신을 역적으로 포박 하자 그는 분개하여 이렇게 말했다.
"狡兎死良狗烹(교토사양구팽): 교활한 토끼를 사냥하고 나면 좋은 사냥개는 삶아 먹히고,
高鳥盡良弓藏(고조진양궁장): 하늘 높이 나는 새를 다 잡으면 좋은 활은 곳간에 처박히며,
敵國破謀臣亡(적국파모신망): 적국을 쳐부수고 나면 지혜 있는 신하는 버림을 받는다.' 고
하더니 한나라를 세우기 위해 분골쇄신한 내가, 결국 烹(팽)을 당하는구나."

고사 성어 한자 쓰기 1

兔 토끼 토	儿, 8획	ㄱ ㄲ ㄲ 엽 엽 免 兔 兔
死 죽을 사	歹, 6획	一 ㄏ ㄉ ㄗ 歹 死
狗 개 구	犬, 8획	ノ ㄋ ㄤ ㄩ 豸 豹 狗 狗
烹 삶을 팽	火, 11획	丶 亠 六 亡 言 亨 亨 亨 亨 烹 烹

兔 死 狗 烹

❀ **兔死狗烹**(토사구팽) : 쓸모가 있을 때는 긴요하게 쓰이다가 쓸모가 없어지면 버림을 받음.

月 달 월	月, 4획	ノ 刀 月 月
下 아래 하	一, 3획	一 丁 下
老 늙을 로	老, 6획	一 十 土 耂 耂 老
人 사람 인	人, 2획	ノ 人

月 下 老 人

❀ **月下老人**(월하노인) : 달빛아래 노인이라는 뜻으로, 부부의 인연을 맺어 준다는 전설의 노인을 일컬음.

생활 속의 한자 쓰기

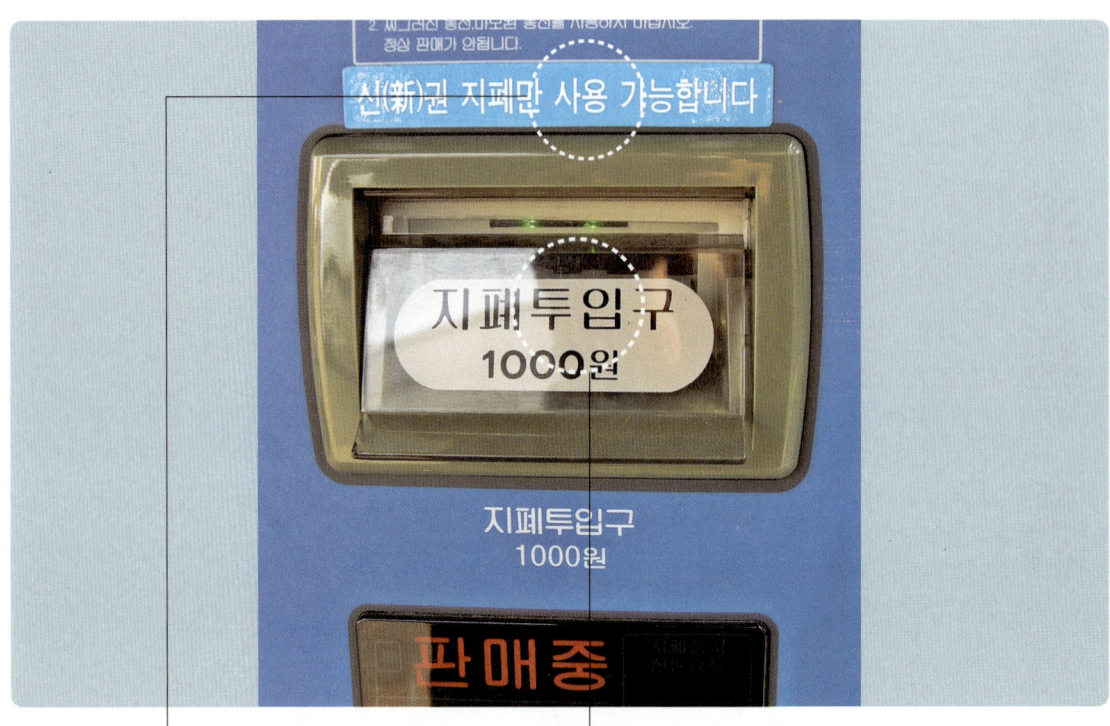

使用 일정한 목적이나 기능에 맞게 씀.
예 토기의 **사용**은 식량을 생산하고 저장하게 되었음을 보여 주는 것이다.

投入 던져 넣음. 또는 사람이나 물자, 자본 따위를 필요한 곳에 넣음.
예 그 영화에는 사상 유례 없는 제작비가 **투입**되었다.

| 使 부릴 사 | 人, 8획 ノ 亻 亻 乍 乍 乍 乍 使 使 |
| 用 쓸 용 | 用, 5획) 冂 月 月 用 |

| 投 던질 투 | 手, 7획 一 十 扌 扌 扒 投 投 |
| 入 들 입 | 入, 2획 ノ 入 |

兎死狗烹

고사 성어 한자 쓰기 2

草 풀초	艹, 10획	ー + + 누 누 草 草 草 草 草
綠 초록빛 록	糸, 14획	ㄥ ㄠ ㅎ 幺 糸 糸 糽 絽 綠 綠 綠 綠 綠
同 같을 동	口, 6획	丨 冂 冂 同 同 同
色 색 색	色, 6획	ㄥ ㄅ 五 五 色 色

草 綠 同 色

❀ 草綠同色(초록동색) : 풀빛과 녹색은 같은 빛깔임. 같은 처지나 경우의 사람들끼리 어울려 행동함을 비유.

堂 집 당	土, 11획	丨 丨 丷 爫 ㅛ 尚 尚 尚 堂 堂 堂
狗 개 구	犬, 8획	ノ 犭 犭 犭 狗 狗 狗 狗
風 바람 풍	風, 9획	ノ 几 凡 凡 风 風 風 風 風
月 달 월	月, 4획	ノ 刀 月 月

堂 狗 風 月

❀ 堂狗風月(당구풍월) : 서당개 삼 년에 풍월 짓는다. 무식한 사람이라도 유식한 사람들과 오래 사귀게 되면 자연히 견문이 생김.

토사구팽 31

고사 성어 한자 쓰기 3

❖ 十人十色(십인십색) : 열 사람의 열 가지 빛깔. 생각이나 취향이 사람마다 제각기 다름.

파자 수수께끼

1. 밭[田]에 나가 힘[力]써 일하는 '사내'를 뜻하는 한자는?

2. 눈[目]을 작게[少] 뜨고 자세하게 살핀다는 데서 '살피다'의 뜻으로 쓰이는 한자는?

3. 자기 자신[我]을 착한 양[羊]처럼 희생하고 순종한다는 데서 '옳다, 바르다'의 뜻을 가진 한자는?

퍼즐과 성어의 만남

※ 가로 세로 열쇠를 읽고 알맞은 고사 성어를 보기에서 찾아 써 봅시다.

가로열쇠

1. 날쌘 토끼가 죽으니 사냥개는 소용없게 되어 삶아 먹힌다. 쓸모가 있을 때는 긴요하게 쓰이다가 쓸모가 없어지면 버림을 받음.
3. 달빛 아래 노인이라는 뜻으로, 부부의 인연을 맺어 준다는 전설의 노인을 일컬음.
5. 풀빛과 녹색은 같은 빛깔임. 같은 처지나 경우의 사람들끼리 어울려 행동함을 비유.

세로열쇠

2. 서당개 삼 년에 풍월 짓는다. 무식한 사람이라도 유식한 사람들과 오래 사귀게 되면 자연히 견문이 생김.
4. 열 사람의 열 가지 빛깔. 생각이나 취양이 사람마다 제각기 다름.

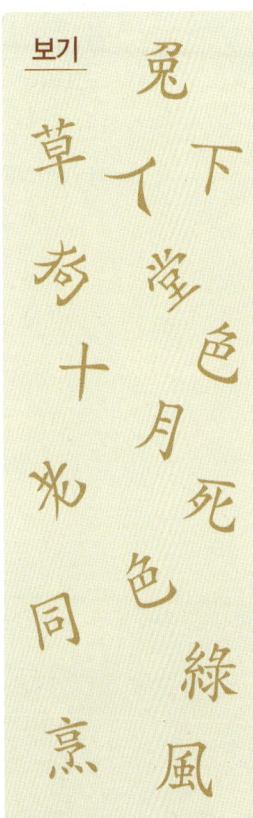

보기

兎 下 色
狗 月 死
草 枸 色 綠
十 花 風
同 烹

6. 刻舟求劍

刻 : 새길 각   舟 : 배 주
求 : 구할 구   劍 : 칼 검

 칼을 강물에 떨어뜨리고 뱃전에 표시를 했다가 나중에 그 칼을 찾으려 한다는 뜻으로, 어리석어 시세에 어둡거나 완고함의 비유

 전국시대, 초나라의 한 젊은이가 양자강을 건너기 위해 배를 탔다. 그런데 배가 강 한복판에 이르렀을 때 그만 실수하여 손에 들고 있던 칼을 강물에 떨어뜨리고 말았다.

'아뿔싸 이를 어쩐다?' 그는 당황하여 손을 뻗어 칼을 주우려고 하였으나 때는 이미 늦어 칼은 물속 깊이 빠져 그 모습을 찾을 수 없게 되었다.

그러자 젊은이는 허둥지둥 허리춤에서 단검을 빼들고 칼을 떨어뜨린 그 뱃전에다 표시를 하고 말하기를 "이 곳이 내 칼이 떨어진 곳이다."

이윽고 배가 나루터에 닿자 그는 곧 옷을 벗어 던지고 표시를 한 뱃전 밑의 강물 속으로 들어가 칼을 찾기 시작했다.

그러나 배는 칼을 떨어뜨린 장소에서 멀리 떨어져 버렸기 때문에 칼이 발견될 리 없었으나, 그 젊은이는 그것을 알지 못하고 구경하고 있던 사람들의 비웃음 속에서 계속 찾고 있었다.

고사 성어 한자 쓰기 1

| 刻 새길 각 | 刀, 8획 | ` 一 亠 亥 亥 亥 亥 刻 |
| | | 刻 刻 刻 刻 |

| 舟 배 주 | 舟, 6획 | ´ ʃ 力 ⺼ 舟 舟 |
| | | 舟 舟 舟 舟 |

| 求 구할 구 | 水, 7획 | 一 十 寸 寸 寸 求 求 |
| | | 求 求 求 求 |

| 劍 칼 검 | 刀, 15획 | ノ 亽 亽 亼 合 合 命 命 命 슶 슶 僉 劍 劍 |
| | | 劍 劍 劍 劍 |

刻 舟 求 劍

❀ **刻舟求劍**(각주구검): 배에 새기어 칼을 찾다. 어리석고 미련하여 융통성이 없음.

| 吳 나라이름 오 | 口, 7획 | ` 口 口 므 므 吴 吳 |
| | | 吳 吳 吳 吳 |

| 越 넘을 월 | 走, 12획 | 一 十 土 丰 丰 走 走 走 赴 越 越 |
| | | 越 越 越 越 |

| 同 같을 동 | 口, 6획 | ㅣ 冂 冂 同 同 同 |
| | | 同 同 同 同 |

| 舟 배 주 | 舟, 6획 | ´ ʃ 力 ⺼ 舟 舟 |
| | | 舟 舟 舟 舟 |

吳 越 同 舟

❀ **吳越同舟**(오월동주): 서로 원수 사이인 오나라와 월나라 사람이 같은 배에 타고 있음. 아무리 원수사이라도 같이 어려운 처지에 놓이게 되면 서로 협력하게 된다는 뜻.

각주구검 **35**

생활 속의 한자 쓰기

매화

목련

| 梅 花 | 매실나무의 꽃
예 '매화도 한철 국화도 한철'이라는 속담은 모든 사물은 저마다 한창 때가 있다는 뜻이다. | 木 蓮 | 목련과의 낙엽 활엽 교목. 높이는 10미터 정도이며, 잎은 거꾸로 된 달걀 모양이고 넓다.
예 목련꽃 그늘 아래서 베르테르의 편질 읽노라. |

| 梅
매화나무 매 | 木, 11획 | 一 十 才 木 木 村 杧 栴 栴 梅 梅 |
| | | 梅 梅 梅 梅 |

| 花
꽃 화 | 艹, 8획 | 一 艹 艹 艹 艹 芢 花 花 |
| | | 花 花 花 花 |

| 木
나무 목 | 木, 4획 | 一 十 才 木 |
| | | 木 木 木 木 |

| 蓮
연꽃 련 | 艹, 15획 | 一 艹 艹 艹 艹 苎 苜 苜 萱 萱 董 董 蓮 蓮 蓮 |
| | | 蓮 蓮 蓮 蓮 |

刻舟求劍

고사 성어 한자 쓰기 2

❀ 見蚊拔劍(견문발검) : 모기를 보고 칼을 뽑는다. 하찮은 일에 너무 크게 덤빔.

❀ 君臣有義(군신유의) : 임금과 신하사이에 의리가 있어야 함.

고사 성어 한자 쓰기 3

❖ 見利思義(견리사의) : 눈앞에 이익이 보일 때 먼저 그것이 의리에 합당한가를 생각함.

❖ 四君子(사군자) : 매화 · 난초 · 국화 · 대나무를 말함. 고결한 아름다움이 군자에 비유됨.

퍼즐과 성어의 만남

※ 가로 세로 열쇠를 읽고 알맞은 고사 성어를 보기에서 찾아 써 봅시다.

가로열쇠

2. 서로 원수 사이인 오나라와 월나라 사람이 같은 배에 타고 있음. 아무리 원수 사이라도 같이 어려운 처지에 놓이게 되면 서로 협력하게 된다는 뜻.
3. 모기를 보고 칼을 뽑는다. 하찮은 일에 너무 크게 덤빔.
5. 임금과 신하사이에 의리가 있어야 함.

세로열쇠

1. 배에 새기어 칼을 찾다. 어리석고 미련하여 융통성이 없음을 비유하여 이르는 말.
4. 눈앞에 이익이 보일 때 먼저 그것이 의리에 합당한가를 생각함.
6. 매화·난초·국화·대나무를 말함. 고결한 아름다움이 군자에 비유됨.

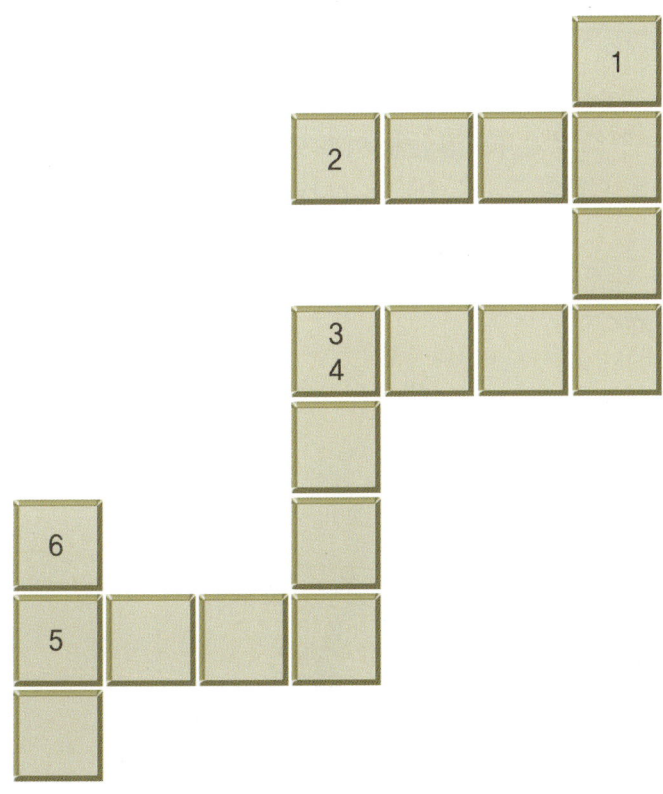

보기: 견리검군사사 각주구검 신유구의자 월동오

7. 破竹之勢

破 : 깨뜨릴 파   竹 : 대나무 죽
之 : ~하는(어조사) 지   勢 : 기세 세

 대나무를 쪼개는 기세라는 뜻. 곧 ① 맹렬한 기세. ② 세력이 강대하여 적대하는 자가 없음의 비유. ③ 무인지경을 가듯 아무런 저항도 받지 않고 진군함의 비유.

 위나라의 권신 사마염은 원제(元帝)를 폐한 뒤 스스로 제위에 올라 무제(武帝)라 일컫고, 국호를 진이라고 했다. 이리하여 천하는 3국 중 유일하게 남아 있는 오나라와 진나라로 나뉘어 대립하게 되었다.

이윽고 무제는 대장군 두예에게 출병을 명했다. 이듬해, 무창을 점령한 두예는 휘하 장수들과 오나라를 일격에 공략할 마지막 작전 회의를 열었다. 이 때 한 장수가 이렇게 건의했다. "지금 당장 오나라의 도읍을 치기는 어렵습니다. 이제 곧 잦은 봄비로 강물이 범람할 것이고, 또 언제 전염병이 발생할지 모르기 때문입니다. 그러니 일단 철군 했다가 겨울에 다시 공격하는 것이 어떻겠습니까?"

찬성하는 장수들도 많았으나 두예는 단호히 말했다.

"그건 안 될 말이오. 지금 아군의 사기는 마치 '대나무를 쪼개는 기세[파죽지세(破竹之勢)]'와 같소. 대나무란 처음 두세 마디만 쪼개면 그 다음부터는 칼날이 닿기만 해도 저절로 쪼개지는 법인데, 어찌 이런 절호의 기회를 버린단 말이오." 두예는 곧바로 휘하의 전군을 휘몰아 오나라의 도읍 건업으로 쇄도하여 단숨에 공략했다.

이어 오나라 왕 손호가 항복함에 따라 마침내 진나라는 삼국 시대에 종지부를 찍고 천하를 통일했다.

고사 성어 한자 쓰기 1

破 깨뜨릴 파	石, 10획 一 厂 ア 石 石 石 砂 破 破 破
	破 破 破 破

竹 대나무 죽	竹, 6획 ノ ⺅ ⺊ ⺊ 竹 竹
	竹 竹 竹 竹

之 ~하는 지 (어조사)	ノ, 4획 丶 二 ㇇ 之
	之 之 之 之

勢 기세 세	力, 13획 一 十 土 キ 夫 抁 幸 幸 剉 埶 埶 勢 勢
	勢 勢 勢 勢

| 破 | 竹 | 之 | 勢 | | | | | | |

❀ **破竹之勢**(파죽지세) : 대를 쪼갤 때와 같은 형세.

竹 대나무 죽	竹, 6획 ノ ⺅ ⺊ ⺊ 竹 竹
	竹 竹 竹 竹

馬 말 마	馬, 10획 丨 厂 ㄒ 严 厈 馬 馬 馬 馬 馬
	馬 馬 馬 馬

故 예 고	攵, 9획 一 十 十 古 古 古 故 故 故
	故 故 故 故

友 벗 우	又, 4획 一 ナ 方 友
	友 友 友 友

| 竹 | 馬 | 故 | 友 | | | | | | |

❀ **竹馬故友**(죽마고우) : 죽마(대말)를 타고 함께 놀던 친구. 어릴때부터 같이 놀며 자란 오랜 친구.

파죽지세

생활 속의 한자 쓰기

觀衆 연극이나 운동 경기 따위를 구경하는 무리.
예 **관중**들의 환호에 선수들은 피곤한 줄도 몰랐다.

應援 운동 경기 따위에서, 선수들이 힘을 낼 수 있도록 도와 주는 일.
예 우리의 **응원** 소리에 운동장이 떠나 갈 듯했다.

觀 볼 관	見, 25획	丨 卜 ㅑ ㅑ 芢 艹 芢 草 莖 萱 萱 藿 藿 藿 藿 藿 雚 雚 雚 觀 觀 觀 觀 觀																		
		觀	觀	觀	觀															
衆 무리 중	血, 12획	丿 丨 冂 冈 血 血 血 衆 衆 衆 衆 衆																		
		衆	衆	衆	衆															

應 응할 응	心, 17획	丶 亠 广 广 庐 庐 庐 庐 庐 雁 雁 雁 雁 應 應 應 應																		
		應	應	應	應															
援 당길 원	手, 12획	一 十 扌 扌 扌 护 护 护 护 押 援 援																		
		援	援	援	援															

고사 성어 한자 쓰기 2

累 묶을 누	糸, 11획	ノ 口 日 田 甲 甲 累 累 累
	累 累 累 累	

卵 알 란	卩, 7획	ノ 乚 丘 白 白 卯 卵
	卵 卵 卵 卵	

之 ~하는 지 (어조사)	丿, 4획	丶 亠 ラ 之
	之 之 之 之	

勢 기세 세	力, 13획	一 十 土 ナ 夫 歩 坴 坴 刲 執 執 埶 勢
	勢 勢 勢 勢	

| 累 | 卵 | 之 | 勢 |

❈ 累卵之勢(누란지세) : 알을 쌓아 놓은 듯한 형세. 곧 매우 위태로운 형세.

以 써 이	人, 5획	丨 乚 レ 以 以
	以 以 以 以	

卵 알 란	卩, 7획	ノ 乚 丘 白 白 卯 卵
	卵 卵 卵 卵	

投 던질 투	手, 7획	一 十 扌 扌 护 抄 投
	投 投 投 投	

石 돌 석	石, 5획	一 丆 ア 石 石
	石 石 石 石	

| 以 | 卵 | 投 | 石 |

❈ 以卵投石(이란투석) : 달걀을 돌에 던지다. 약한 것으로 강한 것을 당해 내려는 어리석은 짓.

파죽지세

고사 성어 한자 쓰기 3

交 사귈 교	亠, 6획 `、 亠 亠 六 交 交`
友 벗 우	又, 4획 `一 ナ 方 友`
以 써 이	人, 5획 `丨 ㇄ レ 以 以`
信 믿을 신	人, 9획 `丿 亻 亻 亻 亻 亻 信 信 信`

交 友 以 信

❖ **交友以信**(교우이신) : 친구를 사귐에 믿음으로서 사귄다. 세속오계(世俗五戒)의 하나.

파자 수수께끼

1. 큰 나무[木]에 두 사람[人]이 매달려 구조자가 오기를 기다린 데서 '오다'의 뜻을 가진 한자는?

2. 양[羊]에게 먹을거리[食]를 주어 키운다는 데서 '기르다, 봉양하다'의 뜻으로 쓰이는 한자는?

3. 제각기 자신[吾]의 의견을 나타내어 말[言]하는 데서 '말씀'의 뜻으로 쓰이게 된 한자는?

퍼즐과 성어의 만남

※ 가로 세로 열쇠를 읽고 알맞은 고사 성어를 보기에서 찾아 써 봅시다.

가로열쇠

1. 알을 쌓아 놓은 듯한 형세. 곧 매우 위태로운 형세.
4. 죽마(대말)를 타고 함께 놀던 친구. 어릴 때부터 같이 놀며 자란 오랜 친구.

세로열쇠

2. 달걀을 돌에 던지다. 약한 것으로 강한 것을 당해 내려는 어리석은 짓.
3. 대를 쪼갤 때와 같은 형세.
5. 친구를 사귐에 믿음으로서 사귄다. 세속오계(世俗五戒)의 하나.

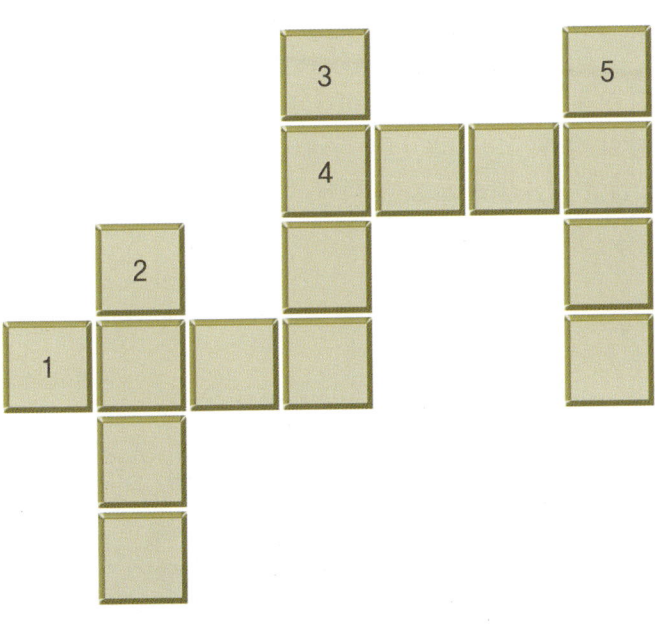

보기: 交 故 勢 信 累 馬 破 交 竹 石 投 以 卵 之

8. 結草報恩

結: 맺을 결   草: 풀 초
報: 갚을 보   恩: 은혜 은

 풀을 엮어서 은혜를 갚는다는 뜻으로, 죽어 혼령이 되어도 은혜를 잊지 않고 갚음.

  춘추시대 진나라의 위무자에게 젊은 첩이 있었는데 위무자가 병이 들자 본처의 아들 위과를 불러 "네 서모를 내가 죽거들랑 개가시키도록 하여라." 하였으나, 위무자의 병세가 점점 악화되어 위독한 지경에 이르게 되자 아들 위과에게 다시 분부하기를 "내가 죽거들랑 네 서모는 반드시 나와 함께 순장을 시켜다오."

 그리고 위무자가 죽자 위과는 "사람이 병이 위중하면 정신이 혼란해지기 마련이니 아버지께서 맑은 정신일 때 하신 말씀대로 따르리라." 하고는 서모를 개가시켜 드렸다.

 그 후 위과는 두회라는 장수와 결전을 벌이게 되었는데 역부족이었다. 그때 한 노인이 두회의 발 앞의 풀을 엮어 그가 넘어지게 하여 위과가 두회를 사로잡을 수 있게 하였다.

 그 날 밤 위과의 꿈에 그 노인이 나타나 이렇게 말했다.

 "나는 당신 서모의 애비 되는 사람으로, 그대가 내 딸을 순장시키지 않아서 내 딸이 목숨을 유지하고 개가하여 잘 살고 있소. 그래서 '풀을 엮어 그 은혜에 보답[결초보은(結草報恩)]한 것이오.'"

고사 성어 한자 쓰기 1

結 맺을 결	糸, 12획　ㄥ ㄠ ㅗ 幺 乡 糸 糸 紅 紝 結 結
	結　結　結　結

草 풀 초	艹, 10획　' 十 廾 芍 芍 艻 苎 莒 草
	草　草　草　草

報 갚을 보	土, 12획　一 十 土 辛 幸 幸 幸 幸 郣 郣 報 報
	報　報　報　報

恩 은혜 은	心, 10획　丨 冂 冃 冈 肉 因 因 恩 恩 恩
	恩　恩　恩　恩

結　草　報　恩

❀ **結草報恩**(결초보은) : 풀을 묶어 은혜에 보답함. 죽어 혼령이 되어서라도 은혜를 잊지 않고 갚음을 이르는 말.

日 날 일	日, 4획　丨 冂 冃 日
	日　日　日　日

就 나아갈 취	尢, 12획　' 二 亠 宁 亩 亨 亨 京 京 就 就 就
	就　就　就　就

月 달 월	月, 4획　丿 冂 月 月
	月　月　月　月

將 장차 장	寸, 11획　丨 丬 丬 丬 丬 丬 丬 丬 將 將 將
	將　將　將　將

日　就　月　將

❀ **日就月將**(일취월장) : 날마다 나아지고 달마다 나아짐. 하루가 다르게 진보함.

결초보은

생활 속의 한자 쓰기

列 車	기관차에 객차나 화물차를 연결하여 궤도 위를 운행하는 차량.
	예 서울로 가는 마지막 **열차**를 타기 위해 정신없이 뛰었다.

鐵 路	침목 위에 철제의 궤도를 설치하고, 그 위로 차량을 운전하여 여객과 화물을 운송하는 시설.
	예 기적을 울리며 기차가 **철로** 위를 지나갔다.

列 벌일 렬 — 刀, 6획 一 ㄗ ᄃ ዎ 歹 列 列

車 수레 차 — 車, 7획 一 ㄇ ㄇ 盲 亘 亘 車

鐵 쇠 철 — 金, 21획 ノ ノ ト ヒ 车 车 金 金 金 釲 釱 鉒 鉒 鉒 鐼 鐼 鐼 鐵 鐵 鐵

路 길 로 — 足, 13획 丶 ㄇ ㄇ ㄇ 뫄 무 묘 足 趵 趵 跻 路 路

고사 성어 한자 쓰기 2

解 풀 해	角, 13획　′ ⺈ ⺈ 勹 角 角 角 角′ 角″ 角″ 解″ 解
	解　解　解　解

語 말씀 어	言, 14획　′ 亠 ㇒ ㇒ 言 言 言 訁 訁 訒 語 語 語 語
	語　語　語　語

花 꽃 화	艸, 8획　′ 十 ⺾ ⺾ 艹 花 花 花
	花　花　花　花

解 語 花	

❀ 解語花(해어화) : 말을 알아 듣는 꽃. 미인을 일컫는 말.

花 꽃 화	艸, 8획　′ 十 ⺾ ⺾ 艹 花 花 花
	花　花　花　花

無 없을 무	火, 12획　′ ⺈ 仁 仁 仨 無 無 無 無 無
	無　無　無　無

十 열 십	十, 2획　一 十
	十　十　十　十

日 날 일	日, 4획　丨 冂 日 日
	日　日　日　日

紅 붉을 홍	糸, 9획　′ ⺄ ⺄ 幺 幺 糸 紅 紅 紅
	紅　紅　紅　紅

花 無 十 日 紅	

❀ 花無十日紅(화무십일홍) : 꽃은 열흘 붉은 꽃이 없다. 한번 성한 것은 얼마 못가서 반드시 쇠해짐.

고사 성어 한자 쓰기 3

結 맺을 결	糸, 12획 ノ ㄥ ㄠ 幺 幺 糸 紀 紀 結 結 結

結 結 結 結

| 者 사람 자 | 老, 9획 一 十 土 耂 耂 者 者 者 者 |

者 者 者 者

| 解 풀 해 | 角, 13획 ノ ク 广 角 角 角 角′ 解 解 解 解 |

解 解 解 解

| 之 그것 지 (대명사) | ノ, 4획 丶 亠 ナ 之 |

之 之 之 之

結 者 解 之

❀ 結者解之(결자해지): 맺은 사람이 그것을 풀음. 일을 저지른 사람이 그 일 때문에 생긴 문제를 해결해야 함을 이르는 말.

| 獨 홀로 독 | 犬, 16획 ノ ナ 才 犭 犭 犭 犭 犭 犭 獨 獨 獨 獨 獨 獨 |

獨 獨 獨 獨

| 不 아닐 불 | 一, 4획 一 ナ 不 不 |

不 不 不 不

| 將 장수 장 | 寸, 11획 丨 丬 爿 爿 爿′ 爿ク 爿タ 爿ケ 將 將 將 |

將 將 將 將

| 軍 군사 군 | 車, 9획 ノ 冖 冖 冝 冝 冒 軍 軍 |

軍 軍 軍 軍

獨 不 將 軍

❀ 獨不將軍(독불장군): 혼자서는 장군을 못한다. 저 혼자 잘난체하며 뽐내다가 남에게 핀잔을 받고 고립된 처지에 있는 사람. 또는 잘난 체 하며 혼자서 모든 일을 처리하는 사람.

結草報恩

퍼즐과 성어의 만남

※ 가로 세로 열쇠를 읽고 알맞은 고사 성어를 보기에서 찾아 써 봅시다.

가로열쇠

1. 풀을 묶어 은혜에 보답함. 죽어 혼령이 되어서라도 은혜를 잊지 않고 갚음을 이르는 말.
3. 말을 알아듣는 꽃. 미인을 일컫는 말.
5. 날마다 나아지고 달마다 나아짐. 하루가 다르게 진보함.

세로열쇠

2. 맺은 사람이 그것을 풂. 일을 저지른 사람이 그 일 때문에 생긴 문제를 해결해야 함을 이르는 말.
4. 꽃은 열흘 붉은 꽃이 없다. 한 번 성한 것은 얼마 못가서 반드시 쇠해짐.
6. 혼자서는 장군을 못한다. 저 혼자 잘난 체하며 뽐내다가 남에게 핀잔을 받고 고립된 처지에 있는 사람. 또는 잘난 체하며 혼자서 모든 일을 처리하는 사람.

보기: 莫 之 者 十 語 紅 結 解 獨 恩 花 報 無 不 月 將 將 就 日 軍

9.尾生之信

尾 : 꼬리 미　　　　生 : 날 생
之 : ~의(어조사) 지　信 : 믿을 신

미생의 믿음이란 뜻. 곧 ① 약속을 굳게 지킴의 비유. ② 고지식하여 융통성이 없음의 비유.

　춘추 시대, 노나라에 미생이란 사람이 있었다. 그는 매우 정직한 사람이었는데 어떤 일이 있더라도 약속을 어기는 법이 없는 사나이였다.

　어느 날 미생은 사랑하는 여인과 다리 밑에서 만나기로 약속하였다. 그는 약속 시간에 조금도 어김없이 다리 밑에 가서 여인을 기다렸지만 웬일인지 그녀는 나타나지 않았다.

　미생이 계속 그녀를 기다리고 있는데 갑자기 장대비가 쏟아져 개울물이 불어나기 시작했다. 처음에는 미생의 발등을 적시더니 나중에는 무릎까지 올라왔다. 미생은 차오르는 물이 야속했지만 그래도 자리를 뜨지 않았다. 급기야는 물이 목까지 차올랐지만 이를 악물고 버티었다.

　그러다 결국 미생은 교각을 끌어안은 채 익사하고 말았다.

• 전국 시대, 종횡가로 유명한 소진(蘇秦)은 연나라 소왕을 설파할 때 '신의 있는 사나이'의 본보기로 미생의 이야기를 들었다.
• 전국 시대, 사상가인 장자(莊子)는 그의 우언(寓言)에서 이렇게 비평하고 있다. "쓸데없는 명목에 구애되어 소중한 목숨을 소홀히 하는 인간은 진정한 삶의 길을 모르는 놈이다."

고사 성어 한자 쓰기 1

尾 꼬리 미	尸, 7획 ㄱㄱㄹㄹㄹ尾尾
	尾 尾 尾 尾

生 날 생	生, 5획 ノ ㅏ 生 生 生
	生 生 生 生

之 ~의 지 (어조사)	ノ, 4획 ﹀ 一 ㄅ 之
	之 之 之 之

信 믿을 신	人, 9획 ノ イ 亻 厃 亇 信 信 信 信
	信 信 信 信

尾 生 之 信

❖ **尾生之信**(미생지신) : 미생의 믿음. ①약속을 굳게 지킴의 비유. ②고지식하여 융통성이 없음의 비유.

自 스스로 자	自, 6획 ノ 丨 冂 自 自 自
	自 自 自 自

中 가운데 중	ㅣ, 4획 丨 冂 口 中
	中 中 中 中

之 ~의 지 (어조사)	ノ, 4획 ﹀ 一 ㄅ 之
	之 之 之 之

亂 어지러울 란	乙, 13획 ノ ﹀ ㄴ 씅 㕯 甶 ㄕ 甹 甹 甹 甹 亂
	亂 亂 亂 亂

自 中 之 亂

❖ **自中之亂**(자중지란) : 자기네 한 동아리 안에서 일어나는 싸움.

생활 속의 한자 쓰기

綠茶 푸른빛이 그대로 나도록 말린 부드러운 찻잎.
예 커피보다는 쌉쌀한 맛이 있는 **녹차**가 좋다.

田園 논과 밭이라는 뜻으로, 도시에서 떨어진 시골이나 교외(郊外)를 이르는 말.
예 부귀를 추구하는 마음을 버리고 **전원**으로 돌아와서 청빈한 은거 생활로 일생을 보냈다.

田 밭 전	田, 5획	丨 冂 田 用 田									
	田	田	田	田							

園 동산 원	囗, 13획	丨 冂 冂 冂 囝 囷 周 周 周 周 園 園 園									
	園	園	園	園							

綠 푸를 록	糸, 14획	乚 幺 幺 幺 糸 糸 糽 紓 紓 紓 綌 綠 綠									
	綠	綠	綠	綠							

茶 차 차	艸, 10획	一 十 卄 艹 艾 芝 苓 茶 茶									
	茶	茶	茶	茶							

尾生之信

고사 성어 한자 쓰기 2

得 얻을 득	彳, 11획 ´ ㄅ 彳 彳 彳 彳ㄇ 彳ㄇ 彳㔾 得 得
	得 得 得 得

意 뜻 의	心, 13획 ` 一 七 ㅛ 产 产 音 音 音 意 意 意
	意 意 意 意

滿 찰 만	水, 14획 ` ` 氵 氵 汁 汁 泄 泄 泄 滿 滿 滿 滿 滿
	滿 滿 滿 滿

面 낯 면	面, 9획 一 ㄒ 厂 厃 而 而 面 面
	面 面 面 面

| 得 | 意 | 滿 | 面 |

❀ 得意滿面(득의만면) : 뜻을 이루어 기쁜 표정이 얼굴에 가득함.

自 스스로 자	自, 6획 ´ 丨 冂 自 自 自
	自 自 自 自

業 일 업	木, 13획 ` ` ㅛ ㅛ ㅛ ㅛ 뿌 뿌 뿌 業 業 業 業
	業 業 業 業

自 스스로 자	自, 6획 ´ 丨 冂 自 自 自
	自 自 自 自

得 얻을 득	彳, 11획 ´ ㄅ 彳 彳 彳 彳ㄇ 彳ㄇ 彳㔾 得 得
	得 得 得 得

| 自 | 業 | 自 | 得 |

❀ 自業自得(자업자득) : 스스로의 업을 스스로가 얻음. 자기가 저지른 일의 결과를 자기 자신이 받음.

미생지신

고사 성어 한자 쓰기 3

意 뜻 의	心, 13획	` 一 亠 ㅗ 产 产 音 音 音 音 意 意 意
	意 意 意 意	

氣 기운 기	气, 10획	ノ 一 ト ト 气 气 氘 氚 氣 氣
	氣 氣 氣 氣	

揚 오를 양	手, 12획	一 十 扌 扌' 扩 护 押 押 押 揚 揚 揚
	揚 揚 揚 揚	

揚 오를 양	手, 12획	一 十 扌 扌' 扩 护 押 押 押 揚 揚 揚
	揚 揚 揚 揚	

意	氣	揚	揚				

❖ 意氣揚揚(의기양양) : 의기가 드높아 매우 자랑스럽게 행동하는 모양.

파자 수수께끼

1. 나무[木]에 열리는 과일 중에서 이로움[利]이 많은 과일은 배라는 데서 '배, 배나무'라는 뜻을 가진 한자는?

2. 사람의 입[口]에서 나오는 말을 화살[矢]처럼 빠르게 알아듣는다는 데서 '알다, 깨닫다'란 뜻으로 쓰이는 한자는?

3. 선비[士]의 마음[心]은 뜻이 굳건하고 의리를 지킨다 하여 '뜻, 본심'이란 의미로 쓰이는 한자는?

퍼즐과 성어의 만남

※ 가로 세로 열쇠를 읽고 알맞은 고사 성어를 보기에서 찾아 써 봅시다.

가로열쇠

1. 자기네 한 동아리 안에서 일어나는 싸움
4. 뜻을 이루어 기쁜 표정이 얼굴에 가득함.

세로열쇠

2. 미생의 믿음. ① 약속을 굳게 지킴의 비유 ② 고지식하여 융통성이 없음의 비유
3. 스스로의 업을 스스로가 얻음. 자기가 저지른 일의 결과를 자기 자신이 받음.
5. 의기가 드높아 매우 자랑스럽게 행동하는 모양

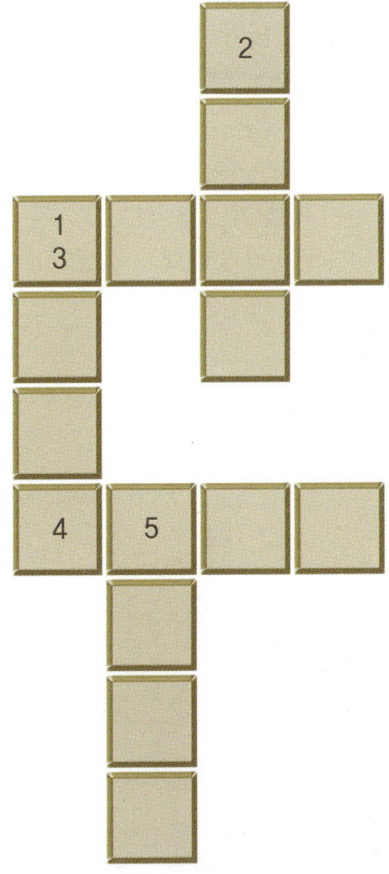

보기

尾 亂 業 信 得 氣 意
自 亡 面 滿 揚

10. 鐵面皮

鐵 : 쇠 철   面 : 낯 면
皮 : 가죽 피

① 얼굴에 철판을 깐 듯 수치를 수치로 여기지 않는 사람.
② 뻔뻔스러워 부끄러워할 줄 모름. 또 그런 사람
③ 낯가죽이 두꺼워 부끄러움이 없음. 후안무치(厚顔無恥)

　왕광원이란 사람이 있었다. 재주가 뛰어나 진사시험에도 합격했으나 출세욕이 지나쳐 그는 고관의 습작시를 보고도 '이태백도 감히 미치지 못할 신운(神韻:신비롭고 고상한 운치)이 감도는 시'라고 극찬할 정도로 뻔뻔한 아첨꾼이 되었다. 아첨을 할 때 그는 주위를 의식하지 않았고 상대가 무식한 짓을 해도 항상 웃곤 했다.
　한 번은 한 고관이 취중에 매를 들고 이렇게 말했다. "자네를 때려 주고 싶은데, 맞아 볼 텐가?" "대감의 매라면 기꺼이 맞겠습니다. 자 어서……."
　고관은 사정없이 왕광원을 매질했다. 그래도 그는 화를 내지 않았다.
　동석했던 친구가 집으로 돌아오는 길에 질책하듯 말했다. "자네는 쓸개도 없나? 만좌중에 그런 모욕을 당하고서도 어쩌면 그토록 태연할 수 있단 말인가?" "하지만 그런 사람에게 잘 보이면 나쁠 게 없지 않은가." 친구는 기가 막혀 입을 다물고 말았다. 당시 사람들은 그를 가리켜 이렇게 말했다고 한다.
　"광원의 낯가죽은 두껍기가 열 겹의 철갑(鐵甲)과 같다."

고사 성어 한자 쓰기 1

鐵 쇠 철	金, 21획 ノ ノ ト ト ヒ 午 午 余 金 金 釒 鈝 鉎 銈 銈 銈 銈 銈 鐵 鐵 鐵
	鐵 鐵 鐵 鐵

面 낯 면	面, 9획 一 ア ア 厑 而 而 面 面 面
	面 面 面 面

皮 가죽 피	皮, 5획 ノ 厂 广 皮 皮
	皮 皮 皮 皮

鐵 面 皮

❋ **鐵面皮**(철면피) : 무쇠처럼 두꺼운 낯가죽. 얼굴에 철판을 깐듯 뻔뻔스럽고 염치없는 사람.

一 한 일	一, 1획 一
	一 一 一 一

字 글자 자	子, 6획 丶 宀 宀 宀 宁 字
	字 字 字 字

無 없을 무	火, 12획 ノ 𠂉 二 仁 午 무 無 無 無 無 無
	無 無 無 無

識 알 식	言, 19획 丶 亠 ㇘ 言 言 言 言 言 誩 誩 誩 誩 誩 識 識 識
	識 識 識 識

一 字 無 識

❋ **一字無識**(일자무식) : 글자를 한 자도 모를 정도로 무식함.

생활 속의 한자 쓰기

경주

쾌속

競走 사람, 동물, 차량 따위가 일정한 거리를 달려 빠르기를 겨루는 일. 또는 그런 경기.
예 그 두 선수는 정식으로 **경주**한 적이 없어서 결과를 예측하기 어렵다.

快速 속도가 매우 빠름.
예 차는 큰길로 나오자 **쾌속**으로 달리기 시작했다.

| 快 빠를 쾌 | 心, 7획 | ′ ′ ㅏ ㅑ 忄 快 快 | | | | | |
| 速 빠를 속 | 辶, 11획 | 一 丆 冂 冃 亩 束 束 涑 涑 速 | | | | | |

| 競 다툴 경 | 立, 20획 | ′ 二 立 ㅛ 立 咅 音 흉 竞 竞 竞 竞 竞 竞 竞 竞 競 競 競 | | | | | |
| 走 달릴 주 | 走, 7획 | 一 十 土 干 丰 走 走 | | | | | |

고사 성어 한자 쓰기 2

養 기를 양	食, 15획 丶 丶 ⺍ ⺍ 兰 羊 羊 美 美 养 荖 荖 養 養 養
虎 범 호	虍, 8획 丨 卜 上 庐 卢 虍 虎 虎
遺 끼칠 유	辶, 16획 丨 ㄇ 口 中 虫 虫 虫 冎 冎 冎 冎 貴 貴 遺 遺 遺
患 근심 환	心, 11획 丨 ㄇ 口 口 吕 吕 串 串 患 患 患

養 虎 遺 患

❀ 養虎遺患(양호유환): 호랑이를 길러 우환을 남기다. 스스로 화근을 만들어 화를 입음.

群 무리 군	羊, 13획 ㄱ ㄱ ㅋ 尹 尹 君 君 君 君' 君' 群 群 群
鷄 닭 계	鳥, 21획 ´ ´ ´ ´ ´ 至 奚 奚 奚 奚 鷄 鷄 鷄 鷄 鷄 鷄
一 한 일	一, 1획 一
鶴 학 학	鳥, 21획 丶 一 ⺅ 夲 夲 夲 牟 崔 崔 崔' 鹤 鹤 鹤 鶴 鶴 鶴 鶴

群 鷄 一 鶴

❀ 群鷄一鶴(군계일학): 닭의 무리 속에 한 마리의 학. 여러 사람 가운데 유독 뛰어난 사람.

고사 성어 한자 쓰기 3

虎 범호	虍, 8획	ノ 卜 ト 疒 圹 虍 虎 虎
死 죽을 사	歹, 6획	一 ア ア 万 歹 死
留 머무를 유	田, 10획	′ ⺈ ⺗ 夘 朙 留 留 留 留
皮 가죽 피	皮, 5획	) 厂 广 皮 皮

虎死留皮

❋ 虎死留皮(호사유피) : 호랑이는 죽어서 가죽을 남긴다.

識 알 식	言, 19획	′ ㄴ ㅗ ㅛ 言 言 言 言 訁 訁 訁 譜 譜 譜 識 識 識
字 글자 자	子, 6획	′ 宀 宁 宇 字
憂 근심할 우	心, 15획	一 T 币 百 百 亶 亶 悥 悥 悥 憂 憂 憂
患 근심할 환	心, 11획	′ 口 口 吕 吕 串 串 患 患 患

識字憂患

❋ 識字憂患(식자우환) : 글자를 아는 것이 오히려 근심이 됨.

퍼즐과 성어의 만남

※ 가로 세로 열쇠를 읽고 알맞은 고사 성어를 보기에서 찾아 써 봅시다.

가로열쇠

2. 글자를 한 자도 모를 정도로 무식함
4. 호랑이를 길러 후환을 남기다. 스스로 화근을 만들어 화를 입음.
6. 무쇠처럼 두꺼운 낯가죽. 얼굴에 철판을 깐 듯 뻔뻔스럽고 염치없는 사람.

세로열쇠

1. 닭의 무리 속에 한 마리의 학. 여러 사람 가운데 유독 뛰어난 사람.
3. 글자를 아는 것이 근심거리가 됨. 아는 것이 병이다.
5. 호랑이는 죽어서 가죽을 남긴다.

보기

字 虎 群 鶴 虎 無 憂 鐵 患 遺 一 面 識 鷄 死 皮

11. 愚公移山

愚: 어리석을 우   公: 공변될 공
移: 옮길 이   山: 산 산

우공이 산을 옮긴다는 뜻으로, 어떤 큰일이라도 끊임없이 노력하면 반드시 이루어짐의 비유.

먼 옛날 태행산과 왕옥산 사이의 좁은 땅에 우공(愚公)이라는 90세 노인이 살고 있었다. 그런데 사방 700리에 높이가 만 길이나 되는 두 큰 산이 집 앞뒤를 가로막고 있어 왕래에 지장이 많았다.

그래서 우공은 어느 날, 가족을 모아 놓고 이렇게 물었다. "나는 저 두 산을 깎아 없애서, 예주와 한수 남쪽까지 곧장 길을 내고 싶은데 너희들 생각은 어떠냐?" 모두 찬성을 하자, 이튿날 아침부터 우공은 세 아들과 손자들을 데리고 돌을 깨고 흙을 파서 삼태기로 발해까지 갖다 버리기 시작했다. 한 번 갔다 돌아오는데 꼬박 1년이 걸렸다.

어느 날 지수라는 사람이 '죽을 날이 멀지 않은 노인이 정말 망녕이로군' 하며 비웃자 우공은 태연히 말했다. "내가 죽으면 아들이 하고, 아들은 또 손자를 낳고 손자는 또 아들을……. 이렇게 자자손손 계속하면 언젠가는 저 두 산이 평평해질 날이 오겠지." 이 말을 듣고 깜짝 놀란 것은 두 산을 지키는 산신이었다.

산이 없어지면 큰일이라고 생각한 산신은 옥황상제에게 호소했.

그러자 우공의 끈기에 감동한 옥황상제는 태행산은 삭동 땅에, 왕옥산은 옹남 땅에 옮겨 놓았다고 한다.

고사 성어 한자 쓰기 1

愚 어리석을 우	心, 13획 ノ 冂 冂 日 旦 甲 禺 禺 禺 愚 愚 愚
	愚 愚 愚 愚

公 공변될 공	八, 4획 ノ 八 公 公
	公 公 公 公

移 옮길 이	禾, 11획 ノ 二 千 千 禾 禾' 移 移 移 移
	移 移 移 移

山 산 산	山, 3획 丨 山 山
	山 山 山 山

愚 公 移 山

❀ **愚公移山**(우공이산) : 우공(愚公)이 산을 옮김. 어떤 일이든지 끊임없이 노력하면 마침내 성공함.

古 예 고	口, 5획 一 十 十 古 古
	古 古 古 古

今 이제 금	人, 4획 ノ 八 入 今
	今 今 今 今

東 동녘 동	木, 8획 一 丆 丙 百 百 亘 車 東
	東 東 東 東

西 서녘 서	西, 6획 一 丆 丙 丙 西 西
	西 西 西 西

古 今 東 西

❀ **古今東西**(고금동서) : 예와 이제, 동양과 서양. 이제까지의 모든 시대와 모든 지역.

생활 속의 한자 쓰기

運行 정하여진 길을 따라 차량 따위를 운전하여 다님.
예 잦은 사고로 전철이 불규칙하게 **운행**되었다.

超過 일정한 수나 한도 따위를 넘음.
예 목표량에 **초과**하는 실적을 올리다.

運 돌 운	辶, 13획 ' ⌐ ⌐ ⌐ 冃 冃 宣 宣 軍 軍 渾 渾 運										
	運	運	運	運							
行 다닐 행	行, 6획 ' ⌐ ⌐ ⌐ 行 行										
	行	行	行	行							

超 넘을 초	走, 12획 一 + 土 キ キ 非 走 赶 起 起 超 超										
	超	超	超	超							
過 지날 과	辶, 13획 ⌐ ⌐ ⌐ 冎 冎 咼 咼 咼 過 過 過 過										
	過	過	過	過							

愚公移山

고사 성어 한자 쓰기 2

❖ 走馬看山(주마간산) : 말을 타고 달리면서 산을 봄. 어떤 사물에 대해 자세히 관찰하지 않고 대충대충 지나침.

❖ 萬古絶色(만고절색) : 오랜 세월 동안 유례가 없을 만큼 뛰어난 미인.

고사 성어 한자 쓰기 3

東 동녘 동	木, 8획	一 ㄷ ㅁ ㅂ 甼 車 東 東									
		東	東	東	東						
奔 달아날 분	大, 8획	一 ナ 大 太 本 本 杢 奔									
		奔	奔	奔	奔						
西 서녘 서	西, 6획	一 ㄷ ㅁ 丙 西 西									
		西	西	西	西						
走 달릴 주	走, 7획	一 十 土 キ キ 走 走									
		走	走	走	走						
		東	奔	西	走						

❋ 東奔西走(동분서주) : 동쪽으로도 달리고 서쪽으로도 달려감. 여기저기 바쁘게 돌아다님.

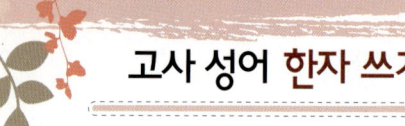 파자 수수께끼

1. 해[日]가 져서 사물은 보이지 않고, 소리[音]만 들릴 정도로 '어둡다'는 뜻을 가진 한자는?

2. 말[言]한 바를 꼭 이루도록[成] 정성을 다한다는 데서, '정성스럽다'의 뜻으로 쓰이는 한자는?

3. 달[月]이 해와 정면으로 만나 보름달이 되는 그[其]때를 가리켜, '기약하다'의 뜻으로 쓰이게 된 한자는?

愚公移山

퍼즐과 성어의 만남

※ 가로 세로 열쇠를 읽고 알맞은 고사 성어를 보기에서 찾아 써 봅시다.

가로열쇠

2. 예와 이제, 동양과 서양. 이제까지의 모든 시대와 모든 지역.
4. 말을 타고 달리면서 산을 봄. 어떤 사물에 대해 자세히 관찰하지 않고 대충대충 지나침.

세로열쇠

1. 오랜 세월 동안 유례가 없을 만큼 뛰어난 미인.
3. 동쪽으로도 달리고 서쪽으로도 달려감. 여기저기 바쁘게 돌아다님.
5. 우공(愚公)이 산을 옮김. 어떤 일이든지 끊임없이 노력하면 마침내 성공함.

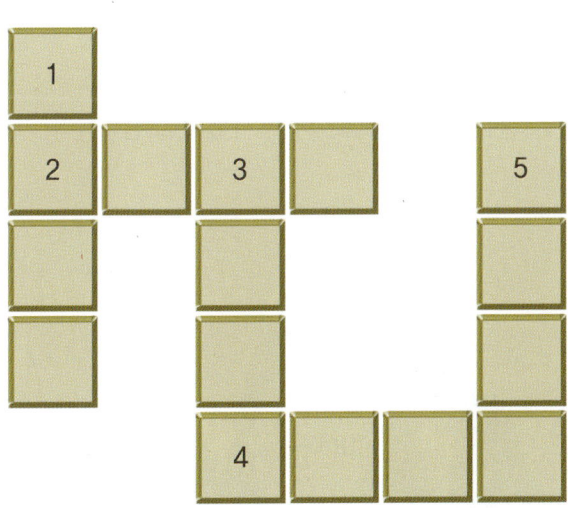

보기

絶 萬 古 西 色 看 山 愚 今 東 公 奔 移 走 馬

12. 塞翁之馬

塞 : 변방 새　　翁 : 늙은이 옹
之 : ~의(어조사) 지　　馬 : 말 마

 세상만사가 변화무상(變化無常)하므로, 인생의 길흉화복(吉凶禍福)을 예측할 수 없다는 뜻. 길흉화복의 덧없음의 비유.

　옛날 중국 북방의 요새 근처에 점을 잘 치는 한 노인이 살고 있었는데, 어느날 이 노인의 말이 오랑캐 땅으로 달아났다. 마을 사람들이 이를 위로하자 노인은 조금도 애석한 기색 없이 태연하게 말했다.
　"누가 아오? 이 일이 복이 되는지." 몇 달이 지난 어느 날, 그 말이 오랑캐의 준마를 데리고 돌아왔다. 마을 사람들이 이를 치하하자 노인은 조금도 기쁜 기색 없이 태연하게 말했다.
　"누가 아오? 이 일이 화가 되는지." 그런데 어느 날, 말 타기를 좋아하는 노인의 아들이 그 오랑캐의 준마를 타다가 떨어져 다리가 부러졌다. 마을 사람들이 이를 위로하자 노인은 조금도 슬픈 기색 없이 태연하게 말했다.
　"누가 아오? 이 일이 복이 되는지." 그로부터 1년이 지난 어느 날, 오랑캐가 대거 침입해 오자 마을 장정들은 이를 맞아 싸우다가 모두 전사했다.
　그러나 노인의 아들만은 절름발이였기 때문에 무사했다고 한다.

고사 성어 한자 쓰기 1

塞 변방 새	土, 13획 `ヽ ᆞ 宀 宀 宀 帘 审 寒 寒 寒 寒 寒 塞`
	塞 塞 塞 塞

翁 늙은이 옹	羽, 10획 `ノ 八 公 公 仌 仌 翁 翁 翁 翁`
	翁 翁 翁 翁

之 ~의 지 (어조사)	ノ, 4획 `ヽ ㇉ 之`
	之 之 之 之

馬 말 마	馬, 10획 `｜ 厂 厂 厈 圧 馬 馬 馬 馬 馬`
	馬 馬 馬 馬

塞 翁 之 馬

❊ **塞翁之馬**(새옹지마) : 변방 늙은이의 말. 인생에 있어서의 길흉화복은 항상 바뀌어 미리 헤아릴 수가 없다는 말.

風 바람 풍	風, 9획 `ノ 几 几 凡 凨 凨 風 風 風`
	風 風 風 風

前 앞 전	刀, 9획 `ヽ ᆞ 丷 스 亠 亣 앞 前 前`
	前 前 前 前

燈 등잔 등	火, 16획 `ヽ ᆞ ナ 火 火 灯 灯 灯 灯 燃 燃 燈 燈 燈 燈 燈`
	燈 燈 燈 燈

火 불 화	火, 4획 `ヽ ᆞ 少 火`
	火 火 火 火

風 前 燈 火

❊ **風前燈火**(풍전등화) : 바람 앞의 등불. 존망이 달린 매우 위급한 경우.

생활 속의 한자 쓰기

| 傳 說 | 옛날부터 민간에서 전하여 내려오는 이야기. 주로 구전되며 어떤 공동체의 내력이나 자연물의 유래, 이상한 체험 따위를 소재로 한다.
예 마을에는 옛날부터 명당(明堂)이 세 개가 있다는 **전설**이 내려오고 있었다. | 時 節 | 일정한 시기나 때.
예 여자는 나일론의 치마저고리를 맵시 있게 입고 있었고 팔에는 **시절**에 맞추어 고른 듯한 핸드백도 걸치고 있었다. |

時 때 시 — 日, 10획　ㅣ 冂 日 日 日⁻ 日⁺ 旿 旹 時 時
時 時 時 時

節 마디 절 — 竹, 15획　ㅅ ㅅ ㅅ 섯 笁 笁 笁 笁 笁 笛 笛 笛 笛 節
節 節 節 節

傳 전할 전 — 人, 13획　ノ イ イ 仁 仁 仨 佴 俥 俥 傳 傳 傳
傳 傳 傳 傳

說 말씀 설 — 言, 14획　ヽ 二 亖 言 言 言 言 訁 訃 訃 訝 說
說 說 說 說

고사 성어 한자 쓰기 2

不 아닐 불	一, 4획 一 丆 不 不
	不　不　不　不

可 옳을 가	口, 5획 一 丆 亓 可 可
	可　可　可　可

思 생각 사	心, 9획 丨 口 田 田 田 甲 思 思 思
	思　思　思　思

議 의논할 의	言, 20획 丶 亠 亠 言 言 言 言 言 訁 訁 詳 詳 詳 詳 議 議 議
	議　議　議　議

| 不 | 可 | 思 | 議 |

❁ **不可思議(불가사의)** : 생각해 보고 논의해 볼 수 없음. 상식으로는 생각할 수 없는 이상 야릇한 일.

馬 말 마	馬, 10획 丨 厂 丌 丌 丌 馬 馬 馬 馬 馬
	馬　馬　馬　馬

耳 귀 이	耳, 6획 一 丅 丅 E 王 耳
	耳　耳　耳　耳

東 동녘 동	木, 8획 一 丆 冂 日 日 申 東 東
	東　東　東　東

風 바람 풍	風, 9획 丿 几 凡 凡 凤 凨 風 風 風
	風　風　風　風

| 馬 | 耳 | 東 | 風 |

❁ **馬耳東風(마이동풍)** : 말의 귀에 동풍이 불어도 말은 아랑곳하지 않는다. 남의 의견이나 비평을 전혀 귀담아 듣지 않고 곧 흘려 버림.

새옹지마

고사 성어 한자 쓰기 3

燈 등잔 등	火, 16획 丶丶丬丬 炋 炋 炋 烃 烨 燃 燃 熔 熔 燈
	燈 燈 燈 燈

下 아래 하	一, 3획 一 丅 下
	下 下 下 下

不 아닐 불	一, 4획 一 丆 不 不
	不 不 不 不

明 밝을 명	日, 8획 丨 冂 日 日 旫 明 明 明
	明 明 明 明

| 燈 | 下 | 不 | 明 |

❀ 燈下不明(등하불명) : 등잔 밑이 어둡다. 가까이 있는 것을 도리어 잘 모름.

電 전기 전	電, 13획 一 丆 丙 币 币 乕 乕 雷 雷 雷 雷 電
	電 電 電 電

光 빛 광	儿, 6획 丨 丬 屮 屮 半 光
	光 光 光 光

石 돌 석	石, 5획 一 丆 ナ 石 石
	石 石 石 石

火 불 화	火, 4획 丶 丶 ノ 火
	火 火 火 火

| 電 | 光 | 石 | 火 |

❀ 電光石火(전광석화) : 번갯불과 부싯돌의 불꽃. 몹시 짧은 시간, 또는 매우 재빠른 동작을 비유함.

塞翁之馬

퍼즐과 성어의 만남

※ 가로 세로 열쇠를 읽고 알맞은 고사 성어를 보기에서 찾아 써 봅시다.

가로열쇠

1. 변방 늙은이의 말. 인생에 있어서의 길흉화복은 항상 바뀌어 미리 헤아릴 수가 없다는 말.
3. 바람 앞의 등불. 존망이 달린 매우 위급한 경우.
5. 생각해 보고 논의해 볼 수 없음. 상식으로는 생각할 수 없는 이상 야릇한 일.

세로열쇠

2. 말의 귀에 동풍이 불어도 말은 아랑곳하지 않는다. 남의 의견이나 비평을 전혀 귀담아 듣지 않고 곧 흘려버림.
4. 등잔 밑이 어둡다. 가까이 있는 것을 도리어 잘 모름.
6. 번갯불과 부싯돌의 불꽃. 몹시 짧은 시간이나 동작.

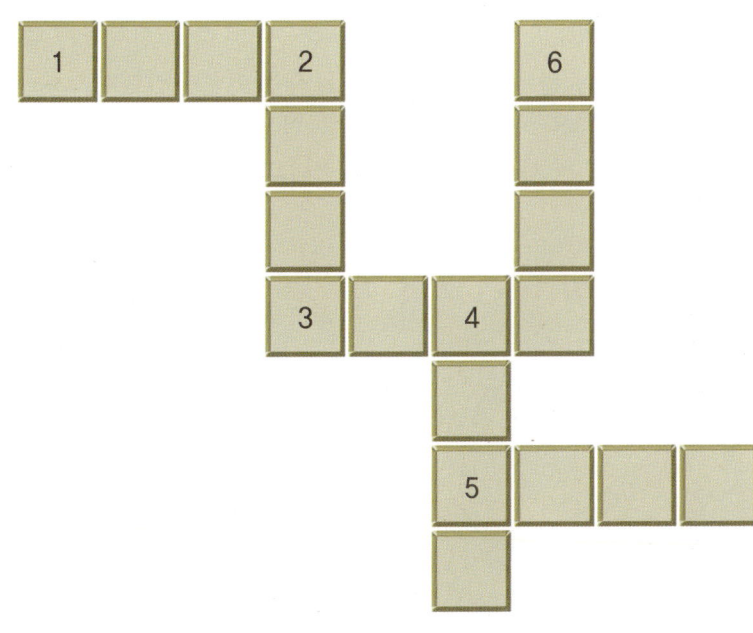

보기

塞翁之馬
馬耳東風
風前燈火
燈下不明
不可思議
電光石火

13. 水魚之交

水 : 물 수　　　魚 : 물고기 어
之 : ~의(어조사) 지　　交 : 사귈 교

 아주 친밀하여 떨어질 수 없는 사이.

　유비에게는 관우와 장비와 같은 용장이 있었지만, 천하의 계교를 세울 만한 지략이 뛰어난 모사가 없었다. 이러한 때에 제갈공명과 같은 사람을 얻었으므로, 유비의 기쁨은 몹시 컸다.

　그리고 제갈공명이 금후에 취해야 할 방침으로, 형주와 익주를 눌러서 그 곳을 근거지로 할 것과 서쪽과 남쪽의 이민족을 어루만져 뒤의 근심을 끊을 것과 손권과 결탁하여 조조를 고립시킨 후 시기를 보아 조조를 토벌할 것 등의 천하 평정의 계책을 말하자 유비는 그 계책에 전적으로 찬성하여 그 실현에 힘을 다하게 되었다.

　이리하여 유비는 제갈공명을 절대적으로 신뢰하게 되어 두 사람의 교분은 날이 갈수록 친밀해졌다. 그러자 관우나 장비는 불만을 품게 되었다. 새로 들어온 젊은 제갈공명만 중하게 여기고 자기들은 가볍게 취급받는 줄로 생각했기 때문이다. 일이 이리 되자 유비는 관우와 장비 등을 위로하여 이렇게 말했다.

　"내가 제갈공명을 얻은 것은 마치 물고기가 물을 얻은 것과 같다. 즉 나와 제갈공명은 물고기와 물과 같은 사이이다. 앞으로는 아무 말도 하지 말기를 바란다."

고사 성어 한자 쓰기 1

水 물 수	水, 4획 丨 亅 氵 水
	水 水 水 水

魚 물고기 어	魚, 11획 ノ ク 各 各 角 角 角 魚 魚 魚 魚
	魚 魚 魚 魚

之 ~의 지 (어조사)	之, 4획 丶 一 ラ 之
	之 之 之 之

交 사귈 교	亠, 6획 丶 一 ナ 六 方 交
	交 交 交 交

| 水 | 魚 | 之 | 交 | | | | | |

❀ 水魚之交(수어지교) : 물고기가 물을 떠나서 살 수 없듯이 아주 친밀하여 떨어질 수 없는 아주 가까운 사이.

聞 들을 문	耳, 14획 丨 r r r r' 門 門 門 門 門 門 聞 聞 聞
	聞 聞 聞 聞

一 한 일	一, 1획 一
	一 一 一 一

知 알 지	矢, 8획 ノ 广 仁 午 矢 知 知 知
	知 知 知 知

十 열 십	十, 2획 一 十
	十 十 十 十

| 聞 | 一 | 知 | 十 | | | | | |

❀ 聞一知十(문일지십) : 한 가지를 들으면 열 가지를 안다. 지극히 총명함.

수어지교

생활 속의 한자 쓰기

體力 육체적 활동을 할 수 있는 몸의 힘. 또는 질병이나 추위 따위에 대한 몸의 저항 능력.
예 우리 학교는 지난주에 **체력**검사를 실시하였다.

廣場 많은 사람이 모일 수 있게 거리에 만들어 놓은, 넓은 빈 터.
예 올림픽 선수들을 환영하는 인파가 시청 앞 **광장**을 가득 메웠다.

體 몸 체	骨, 23획	丨 冂 冎 冎 咼 骨 骨 骨 骨 骨 骨 骨 骨 骨 骨 骨 骨 骨 體 體 體 體 體 體
	體 體 體 體	

力 힘 력	力, 2획	丁 力
	力 力 力 力	

廣 넓을 광	广, 15획	丶 亠 广 广 广 庐 庐 庐 庐 庐 庐 庐 廣 廣 廣
	廣 廣 廣 廣	

場 마당 장	土, 12획	一 十 土 圹 圹 圻 坍 垱 場 場 場
	場 場 場 場	

고사 성어 한자 쓰기 2

❋ 身土不二(신토불이) : 몸과 흙은 둘이 아님.

❋ 一魚濁水(일어탁수) : 한 마리의 물고기가 온 물을 흐린다. 한 사람의 잘못으로 여러 사람이 피해를 입게 됨.

고사 성어 한자 쓰기 3

魚 물고기 어	魚, 11획	ノ ク 夕 凸 占 乃 甬 角 角 魚 魚									
	魚	魚	魚	魚							

魯 노둔할 로	魚, 15획	ノ ク 夕 凸 占 乃 甬 角 角 魚 魚 魯 魯 魯									
	魯	魯	魯	魯							

不 아닐 불	一, 4획	一 ア 不 不									
	不	不	不	不							

辨 분별할 변	辛, 16획	` 亠 亠 立 产 辛 辛 辛' 辨 辨 辨 辨 辨 辨									
	辨	辨	辨	辨							

| 魚 | 魯 | 不 | 辨 | | | | | | | | |

❋ **魚魯不辨(어로불변)** : '어(魚)' 자와 '노(魯)' 자를 구별 못하다. 낫 놓고 기역자도 모르듯 매우 무식함을 일컫는 말.

파자 수수께끼

1 아들에서 아들[子]로 이어지는[系]것이 '손자' 라는 뜻을 가진 한자는?

2 두[二]사람[人]사이에서 우러나오는 어진 마음에서, '어질다' 는 뜻으로 쓰이는 한자는?

3 신하된 사람[人]은 임금 앞에 좌우로 길게 늘어서는데, 그 서는[立]자리가 품계에 따라 정해져 있다는 데서 '자리' 를 뜻하는 한자는?

퍼즐과 성어의 만남

※ 가로 세로 열쇠를 읽고 알맞은 고사 성어를 보기에서 찾아 써 봅시다.

가로열쇠

1. 한 가지를 들으면 열 가지를 안다. 지극히 총명함.
3. 물과 물고기의 사귐. 물고기가 물을 떠나서 살 수 없듯이 아주 친밀하여 떨어질 수 없는 아주 가까운 사이.
5. 몸과 흙은 둘이 아님.

세로열쇠

2. 한 마리의 물고기가 온 물을 흐린다. 한 사람의 잘못으로 여러 사람이 피해를 입게 됨.
4. '어(魚)' 자와 '노(魯)' 자를 구별 못하다. 낫 놓고 기역자도 모르듯 매우 무식함을 일컫는 말.

보기

女 身 水 交 一 濁
二 不 知 聞
魚 之 鯔
辨 十

14. 毛遂自薦

毛: 털 모   遂: 이를 수
自: 스스로 자   薦: 천거할 천

 모수가 스스로를 천거했다는 뜻으로, 부끄러움 없이 자기를 내세우는 사람을 빗대어 가리키는 말.

  전국 시대 말엽, 진나라의 공격을 받은 조나라 혜문왕은 동생이자 재상인 평원군을 초나라에 보내어 구원군을 청하기로 했다. 20명의 수행원이 필요한 평원군은 그의 3000여 식객 중에서 19명은 쉽게 뽑았으나 나머지 한 사람을 뽑지 못해 고심하고 있었다.
　이 때 모수라는 식객이 자천하고 나섰다. "나리, 저를 데려가 주십시오." 평원군은 어이없다는 얼굴로 이렇게 물었다. "그대는 내 집에 온 지 얼마나 되었소?" "이제 3년이 됩니다." "재능이 뛰어난 사람은 숨어 있어도, 마치 주머니 속의 송곳 끝이 밖으로 나오듯이 남의 눈에 드러나는 법이오. 그런데 내 집에 온 지 3년이나 되었다는 그대는 이제까지 단 한 번도 이름이 드러난 적이 없지 않소?"
　"그건 나리께서 이제까지 저를 단 한 번도 주머니 속에 넣어주시지 않았기 때문이죠. 하지만 이번에 주머니 속에 넣어 주시기만 한다면 끝뿐만 아니라 자루까지 드러내 보이겠습니다." 이 재치 있는 답변에 만족한 평원군은 모수를 수행원으로 뽑았다.
　초나라에 도착한 평원군은 모수가 활약한 덕분에 국빈으로 환대받으면서 구원군도 쉽게 얻을 수 있었다고 한다.

고사 성어 한자 쓰기 1

毛 털 모	毛, 4획 ノ 二 三 毛
	毛 毛 毛 毛

遂 이를 수	辶, 13획 ´ ´´ ´´´ 广 彡 彖 彖 豙 豙 遂 遂 遂
	遂 遂 遂 遂

自 스스로 자	自, 6획 ´ 亻 亻 自 自 自
	自 自 自 自

薦 천거할 천	艹, 17획 艹 艹 艹 艹 芦 芦 芦 芇 苊 荐 薦 薦 薦 薦 薦
	薦 薦 薦 薦

毛 遂 自 薦

❀ **毛遂自薦(모수자천)** : 모수(毛遂)가 자기 자신을 천거함. 자기가 자기를 추천함.

九 아홉 구	乙, 2획 ノ 九
	九 九 九 九

牛 소 우	牛, 4획 ノ 亠 二 牛
	牛 牛 牛 牛

一 한 일	一, 1획 一
	一 一 一 一

毛 털 모	毛, 4획 ノ 二 三 毛
	毛 毛 毛 毛

九 牛 一 毛

❀ **九牛一毛(구우일모)** : 아홉 마리 소의 털 가운데서 한 개의 털. 썩 많은 것 중의 극히 적은 부분.

모수자천

생활 속의 한자 쓰기

자연

계곡

溪谷 물이 흐르는 골짜기.
예 길 따라 흘러 내려가는 **계곡**에는 많은 물이 바위 사이로 부서지면서 쾅쾅 쏟아져 흐르고 있었다.

自然 사람의 힘이 더해지지 아니하고 저절로 생겨난 산, 강, 바다, 식물, 동물 따위의 존재. 또는 그것들이 이루는 지리적 · 지질적 환경.
예 나는 내 고향의 **자연**을 무척 사랑한다.

自 스스로 자	自, 6획 ′ 丨 冂 冋 自 自 自 自 自 自							

然 그러할 연	火, 12획 ノ ク 夕 夕 夕- 夕 夕 夕 夕 夕 然 然 然 然 然 然 然							

溪 시내 계	水, 13획 丶 丶 氵 氵 氵 氵 氵 氵 溪 溪 溪 溪 溪 溪 溪 溪 溪 溪							

谷 골 곡	谷, 7획 ′ ハ 夕 父 父 谷 谷 谷 谷 谷 谷 谷							

毛遂自薦

고사 성어 한자 쓰기 2

| 始 처음 시 | 女, 8획 | ㄑ ㄑ 女 女 如 如 始 始 |
| | 始 始 始 始 |

| 終 마칠 종 | 糸, 11획 | ㄑ ㄠ ㄠ 乡 糸 糸 紀 紣 終 終 終 |
| | 終 終 終 終 |

| 一 한 일 | 一, 1획 | 一 |
| | 一 一 一 一 |

| 貫 꿸 관 | 貝, 11획 | ㄴ ㅁ 皿 皿 毌 毌 貫 貫 貫 貫 貫 |
| | 貫 貫 貫 貫 |

始 終 一 貫

❀ **始終一貫**(시종일관) : 처음부터 끝까지 하나로 꿰다. 처음부터 끝까지 한결 같다.

| 自 스스로 자 | 自, 6획 | ㄑ 亻 冂 自 自 自 |
| | 自 自 自 自 |

| 暴 사나울 포 | 日, 15획 | ㄑ 冂 曰 旦 旱 昱 昊 昊 暴 暴 暴 暴 暴 |
| | 暴 暴 暴 暴 |

| 自 스스로 자 | 自, 6획 | ㄑ 亻 冂 自 自 自 |
| | 自 自 自 自 |

| 棄 버릴 기 | 木, 12획 | ㄑ 亠 亠 ㅗ 产 夲 夲 夵 奎 棄 棄 棄 |
| | 棄 棄 棄 棄 |

自 暴 自 棄

❀ **自暴自棄**(자포자기) : 스스로를 해치고 스스로를 버림. 절망 상태에 빠져서, 스스로 자신을 포기하여 돌아보지 않음.

모수자천

고사 성어 한자 쓰기 3

| 九 아홉 구 | 乙, 2획 ノ 九 |
| 九 九 九 九 |

| 死 죽을 사 | 歹, 6획 一 ア ダ 歹 死 |
| 死 死 死 死 |

| 一 한 일 | 一, 1획 一 |
| 一 一 一 一 |

| 生 날 생 | 生, 5획 ノ ⺊ 屮 牛 生 |
| 生 生 生 生 |

| 九 | 死 | 一 | 生 |

❁ **九死一生(구사일생)**: 여러 차례 죽을 고비를 겪고 겨우 살아남.

| 自 스스로 자 | 自, 6획 ノ 亻 亻 白 自 自 |
| 自 自 自 自 |

| 手 손 수 | 手, 4획 一 二 三 手 |
| 手 手 手 手 |

| 成 이룰 성 | 戈, 7획 ノ 厂 厂 万 成 成 成 |
| 成 成 成 成 |

| 家 집 가 | 宀, 10획 ﹅ ﹅ 宀 宀 宁 宁 宇 家 家 |
| 家 家 家 家 |

| 自 | 手 | 成 | 家 |

❁ **自手成家(자수성가)**: 물려받은 재산 없이 스스로의 힘으로 한살림을 이룩함.

毛遂自薦

퍼즐과 성어의 만남

※ 가로 세로 열쇠를 읽고 알맞은 고사 성어를 보기에서 찾아 써 봅시다.

가로열쇠

1. 아홉 마리 소의 털 가운데서 한 개의 털. 썩 많은 것 중의 극히 적은 부분.
3. 처음부터 끝까지 하나로 꿰다. 처음부터 끝까지 한결 같다.
5. 스스로를 해치고 스스로를 버림. 절망 상태에 빠져서, 스스로 자신을 포기하여 돌아보지 않음.

세로열쇠

2. 여러 차례 죽을 고비를 겪고 겨우 살아남.
4. 모수(毛遂)가 자기 자신을 천거함. 자기가 자기를 추천함.
6. 물려받은 재산 없이 스스로의 힘으로 한 살림을 이룩함.

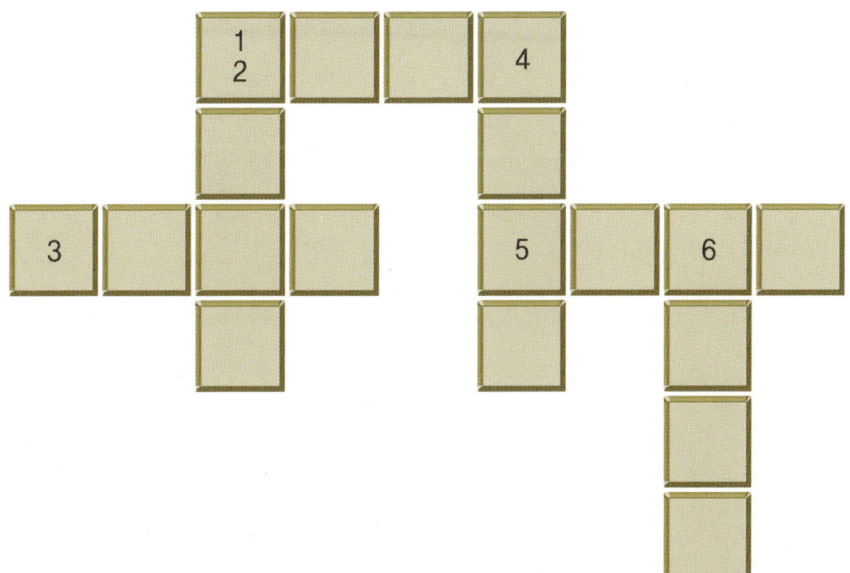

보기: 家 遂 多 薦 始 牛 成 九 終 棄 貫 一 死 自 暴 生 手

15. 漁夫之利

漁 : 고기잡을 어
夫 : 지아비 부
之 : ~의(어조사) 지
利 : 이로울 리

 어부의 이득이라는 뜻으로, 쌍방이 다투는 사이에 제 삼자가 힘들이지 않고 이득을 챙긴다는 말.

 전국시대, 연나라에 기근이 들자 그 이웃인 조나라 혜문왕은 기다렸다는 듯이 침략 준비를 서둘렀다. 그래서 연나라 소왕은 소대에게 혜문왕을 설득해 주도록 부탁했다. 조나라에 도착한 소대는 혜문왕을 이렇게 설득했다.

"오늘 귀국에 들어오는 길에 역수를 지나다가 문득 강변을 바라보니 조개가 조가비를 벌리고 햇볕을 쬐고 있었습니다. 이때 갑자기 도요새가 날아와 뾰족한 부리로 조갯살을 쪼았습니다. 깜짝 놀란 조개는 화가 나서 조가비를 굳게 닫고 부리를 놓아주지 않았습니다. 그러자 다급해진 도요새가 '이대로 오늘도 내일도 비가 오지 않으면 너는 말라 죽고 말 것이다'라고 하자, 조개도 지지 않고 '내가 오늘도 내일도 놓아주지 않으면 너야말로 굶어 죽고 말 것이다' 하고 맞받았습니다.

이렇게 쌍방이 한 치의 양보도 없이 팽팽히 맞서 옥신각신하는 사이에 운수 사납게 이곳을 지나가던 어부에게 그만 둘 다 잡혀 버리고 말았습니다. 전하께서는 지금 연나라를 치려고 하십니다만, 연나라가 조개라면 조나라는 도요새이옵니다. 연·조 두 나라가 공연히 싸워 백성들을 피폐케 한다면, 귀국과 접해 있는 저 강대한 진나라가 운 좋은 어부가 될 것입니다."

이리하여 혜문왕은 당장 침공 계획을 철회했다.

고사 성어 한자 쓰기 1

漁 고기잡을 어	水, 14획	丶 丶 氵 氵 沪 沪 浐 浐 渔 渔 渔 漁 漁 漁
夫 지아비 부	大, 4획	一 二 夫 夫
之 ~의 지 (어조사)	丿, 4획	丶 亠 䒑 之
利 이로울 리	刀, 7획	一 二 千 禾 禾 利 利

漁夫之利

❖ **漁夫之利**(어부지리) : 어부의 이익. 쌍방이 다투는 틈을 이용해 제삼자가 애쓰지 않고 가로 챈 이득.

龍 용 룡	龍, 16획	丶 亠 亠 立 产 产 育 育 首 背 背 龍 龍 龍 龍
頭 머리 두	頁, 16획	一 一 厂 亓 亓 豆 豆 豆 豇 頭 頭 頭 頭 頭
蛇 뱀 사	虫, 11획	丶 口 口 中 虫 虫 虫 虰 虵 虵 蛇
尾 꼬리 미	尸, 7획	一 コ 尸 尸 尸 屄 尾

龍頭蛇尾

❖ **龍頭蛇尾**(용두사미) : 용의 머리에 뱀의 꼬리. 처음은 좋으나 끝이 좋지 않음.

생활 속의 한자 쓰기

古宮 옛 궁궐.
예 친구와 나는 **고궁**에서 열리는 백일장 대회에 참가하였다.

都心 도시의 중심부. 대도시의 경우에는 관공서·회사·은행·사무소 따위가 모여 있고 정치적, 경제적 기능의 중심이 되어 가장 번창한 곳을 이른다.
예 **도심**은 언제나 교통이 복잡하다.

都 도읍 도	邑, 12획	一 十 土 耂 耂 耂 者 者 者 者' 者' 都
心 마음 심	心, 4획	` 心 心 心
古 옛 고	口, 5획	一 十 古 古 古
宮 집 궁	宀, 10획	` ` 宀 宀 宁 宫 宫 宫 宮 宮

漁夫之利

고사 성어 한자 쓰기 2

他 다를 타	人, 5획 ノ イ 亻 仂 他
山 산 산	山, 3획 ㅣ 凵 山
之 ~의 지 (어조사)	丿, 4획 丶 亠 ⿱ 之
石 돌 석	石, 5획 一 ア ブ 石 石

他 山 之 石

✿ **他山之石**(타산지석) : 다른 산에서 나는 보잘것없는 돌이라도 자기의 옥(玉)을 가는 데에 소용이 된다는 뜻으로, 남의 말이나 행동도 자신의 지식과 인격을 수양하는 데에 도움이 될 수 있음을 비유한 말.

魚 물고기 어	魚, 11획
頭 머리 두	頁, 16획
肉 고기 육	肉, 6획 丨 冂 内 内 肉 肉
尾 꼬리 미	尸, 7획 ㄱ コ 尸 尸 尼 尾

魚 頭 肉 尾

✿ **魚頭肉尾**(어두육미) : 물고기는 대가리 쪽이 맛이 있고, 짐승의 고기는 꼬리 쪽이 맛이 있다는 말.

어부지리

고사 성어 한자 쓰기 3

登 오를 등	癶, 12획 ノ ⺇ ⺈ ⺌ ⺜ 癶 癶 癶 登 登 登 登
	登 登 登 登

龍 용 룡	龍, 16획 ` 亠 亠 产 产 亨 育 育 育 龍 龍 龍 龍 龍
	龍 龍 龍 龍

門 문 문	門, 8획 ｜ ｜⺁ ｜⺁ ｜⺁ ｜⺁¹ 門 門 門
	門 門 門 門

| 登 龍 門 | | |

❋ **登龍門(등용문)** : 용문(龍門)에 오르다. 입신출세에 연결되는 어려운 관문이나 시험을 비유하여 이르는 말.

파자점 이야기

■ **어사 박문수와 파자점(破字占)**

암행 어사 박문수가 거지 차림으로 전국을 돌아다니며 민정을 살필 때의 이야기이다. 하루는 시장에서 파자점을 치는 점쟁이에게 사람들이 모여 용하다며 감탄하고 있었다.

어사는 '혹시 백성을 속이는 자가 아닌가?' 하는 의심이 들어 한번 시험해 보고자 자신의 점도 봐 달라고 끼어들었다.

점쟁이가 글자를 고르라고 하자, 어사는 '卜(점 복)' 자를 짚었다. 그러자 갑자기 점쟁이가 큰 절을 올리는 것이었다. 어사는 "아니, 왜 이러시오. 나는 가난뱅이 선비에다가 나그네인데……."라고 말하였다. 점쟁이는 정색을 하며, "비록 거지 옷을 입으셨지만 제 눈은 못 속이십니다. 혹시 어사또 어른이 아니십니까?"라고 하였다.

어사는 자신의 정체가 탄로난 것 같아, 함께 다니는 하인에게도 '卜(점복)' 자를 짚어봐라 하였다. 그랬더니 "당신은 남의 밑에서 일하는 하인밖에는 못 되오."라고 점쟁이는 말하였다. 어사가 그 까닭을 물으니 점쟁이는 "글자를 짚을 때 어른께서는 '卜'의 아래를 짚었으므로 '上' 자가 되고, 하인은 '卜'의 위에다 짚었으므로 '下' 자가 되니, 이것으로 점을 풀이한 것입니다."라고 대답하였다.

어사가 말하기를, "자신을 높이고자 하는 자는 절로 낮아지고, 스스로 낮아지고자 하는 자는 절로 높아지는 법이로다."라고 하였다.

漁夫之利

퍼즐과 성어의 만남

※ 가로 세로 열쇠를 읽고 알맞은 고사 성어를 보기에서 찾아 써 봅시다.

가로열쇠

2. 용의 머리에 뱀의 꼬리. 처음은 좋으나 끝이 좋지 않음.
4. 어부의 이익. 쌍방이 다투는 틈을 이용해 제삼자가 애쓰지 않고 가로 챈 이득.

세로열쇠

1. 용문(龍門)에 오르다. 입신출세에 연결되는 어려운 관문이나 시험을 비유하여 이르는 말.
3. 물고기는 대가리 쪽이 맛이 있고, 짐승의 고기는 꼬리 쪽이 맛이 있다는 말.
5. 다른 산의 돌이라는 뜻으로, 다른 산에서 나는 거칠고 나쁜 돌이라도 숫돌로 쓰면 자기 의옥을 갈 수 가 있음. 즉 다른 사람의 하찮은 언행이라도 자신의 지식과 인격을 수양하는 데에 도움이 될 수 있음을 비유적으로 이르는 말.

보기: 漁 門 尾 登 石 利 蛇 肉 魚 大 尾 之 頭 龍 他 山

부록

한자 성어

한자 성어

(1) **甘言利說**(감언이설) : 남의 비위에 맞도록 달콤한 말과 이로운 조건을 내세워 그럴듯하게 꾀는 말.
 • 甘 : 달다 감　言 : 말씀 언　利 : 이롭다 리　說 : 말씀 설

(2) **甘呑苦吐**(감탄고토) : 달면 삼키고 쓰면 뱉는다. 곧 제 비위에 맞으면 좋아하고 틀리면 싫어하는 인정의 간사함을 이르는 말.
 • 甘 : 달다 감　呑 : 삼키다 탄　苦 : 쓰다 고　吐 : 토하다 토

(3) **甲男乙女**(갑남을녀) : 갑이라는 남자와 을이라는 여자. 곧 신분이나 이름을 특별히 지적할 정도가 못되거나 누구인지 알 수 없는 그저 평범한 보통사람을 이르는 말.
 • 甲 : 갑옷 갑　男 : 사내 남　乙 : 새 을　女 : 여자 여
 • 유사성어 : 張三李四(장삼이사), 善男善女(선남선녀), 匹夫匹婦(필부필부)

(4) **改過遷善**(개과천선) : 과거의 잘못을 고치고 옳은 길로 들어 섬.
 • 改 : 고치다 개　過 : 허물 과　遷 : 옮기다 천　善 : 착하다 선

(5) **見物生心**(견물생심) : 무슨 물건이든지 눈에 뜨이면 가지고 싶은 욕망이 생긴다는 말.
 • 見 : 보다 견　物 : 사물 물　生 : 나다 생　心 : 마음 심

(6) **結者解之**(결자해지) : 맺은 사람이 풀다.
 • 結 : 맺다 결　者 : 사람 자　解 : 풀다 해　之 : 그것 지(대명사)

(7) **苦盡甘來**(고진감래) : 쓴 것이 다하면 단 것이 온다. 곧 고생 끝에 그 보람으로 즐거움이 온다는 말.
 • 苦 : 괴롭다 고　盡 : 다하다 진　甘 : 달다 감　來 : 오다 래

(8) **過猶不及**(과유불급) : 지나침은 미치지 못함과 같다. 곧 중용(中庸)이 중함을 이르는 말.
 • 過 : 지나다 과　猶 : 오히려 유　不 : 아니다 불　及 : 미치다 급

한자 성어

(9) **矯角殺牛**(교각살우) : 뿔을 바로 잡으려다가 소를 죽이다. 곧 결점을 고치려다 수단이 지나쳐 일을 그르침을 비유한 말.
- 矯 : 바로잡다 교   角 : 뿔 각   殺 : 죽이다 살   牛 : 소 우

(10) **救國干城**(구국간성) : 나라를 지키는 방패와 성벽. 국가를 위하여 방패가 되고 성이 되어 외적을 막는 군인.
- 救 : 구하다 구   國 : 나라 국   干 : 방패 간   城 : 성 성

(11) **群鷄一鶴**(군계일학) : 여러 마리의 닭 가운데 있는 한 마리의 학. 곧 평범한 여러 사람 가운데 뛰어난 사람을 비유한 말.
- 群 : 무리 군   鷄 : 닭 계   一 : 한 일   鶴 : 학 학

(12) **近墨者黑**(근묵자흑) : 묵을 가까이 하는 사람은 검어짐. 즉 사람은 주변의 환경이나 친구의 영향을 받게 됨.
- 近 : 가깝다 근   墨 : 먹 묵   者 : 사람 자   黑 : 검다 흑

(13) **錦上添花**(금상첨화) : 비단 위에 꽃을 더하다. 곧 좋은 일 위에 좋은 일이 더해짐을 말함.
- 錦 : 쇠 금   上 : 윗 상   添 : 더하다 첨   花 : 꽃 화

(14) **氣高萬丈**(기고만장) : 일이 뜻대로 잘될 때 기뻐하거나, 성을 낼 때 기운이 펄펄 나는 모양.
- 氣 : 기운 기   高 : 높다 고   萬 : 일만 만   丈 : 어른 장

(15) **難兄難弟**(난형난제) : 형이 더 낫다고 하기도 어렵고, 아우가 더 낫다고 하기도 어렵다. 곧 우열을 가리기 어렵고 서로 비슷함.
- 難 : 어렵다 난   兄 : 맏 형   難 : 어렵다 난   弟 : 아우 제

(16) **內柔外剛**(내유외강) : 안은 부드럽고 밖은 강하다. 내심은 유약하나 외모는 강하게 보임.
- 內 : 안 내   柔 : 부드럽다 유   外 : 밖 외   剛 : 강하다 강

한자 성어

(17) **勞心焦思(노심초사)** : 몹시 마음을 쓰며 애를 태움.
 • 勞 : 수고롭다 로 心 : 마음 심 焦 : 타다 초 思 : 생각 사

(18) **東問西答(동문서답)** : 동쪽을 묻는 데 서쪽을 대답한다. 곧 묻는 말에 대하여 전혀 엉뚱한 대답을 이르는 말.
 • 東 : 동쪽 동 問 : 묻다 문 西 : 서쪽 서 答 : 대답하다 답

(19) **同病相憐(동병상련)** : 같은 병을 앓고 있는 사람끼리 서로 불쌍하게 여긴다. 곧 처지가 비슷한 사람끼리 동정하고 돕는다는 말. 우리말 속담에 '과부 사정 홀아비가 안다' 라는 것과 같은 말.
 • 同 : 같다 동 病 : 병 병 相 : 서로 상 憐 : 불쌍히 여기다 련

(20) **東奔西走(동분서주)** : 동쪽으로 뛰고 서쪽으로 뛴다는 뜻으로 여기저기 분주하게 돌아다님.
 • 東 : 동쪽 동 奔 : 달아나다 분 西 : 서쪽 서 走 : 달리다 주

(21) **同床異夢(동상이몽)** : 같은 잠자리에서 자면서 서로 다른 꿈을 꾼다. 곧 행동을 같이 하면서도 속으로는 다른 생각을 한다는 말.
 • 同 : 같다 동 床 : 평상 상 異 : 다르다 이 夢 : 꿈 몽

(22) **馬耳東風(마이동풍)** : 말 귀에 스치는 봄 바람. 곧 남의 말을 귀담아 듣지 않음을 비유한 말.
 • 馬 : 말 마 耳 : 귀 이 東 : 동쪽 동 風 : 바람 풍

(23) **麥秀之嘆(맥수지탄)** : 보리 이삭을 보고하는 탄식. 곧 멸망한 고국에 대한 한탄.
 • 麥 : 보리 맥 秀 : 빼어나다 수 之 : 어조사 지 嘆 : 탄식하다 탄

(24) **目不識丁(목불식정)** : 눈으로 '丁'자 모양을 보고도 '丁'자를 모른다. 곧 배운 것이 없는 사람을 비유한 말. '낫 놓고 기역(ㄱ)자도 모른다' 와 같은 말.
 • 目 : 눈 목 不 : 아니다 불 識 : 알다 식 丁 : 정수리 정

한자 성어

(25) **門前成市**(문전성시): 찾아오는 사람이 많아 집 문앞이 시장을 이루다시피 함을 이르는 말.
- 門 : 문 문   前 : 앞 전   成 : 이루다 성   市 : 시장 시

(26) **反哺之孝**(반포지효): 까마귀 새끼가 자라서 늙은 어미에게 먹이를 물어다 주는 효(孝)라는 뜻으로, 자식이 자란 후에 부모에게 진 은혜를 갚아 자식의 도리를 다하는 효성.
- 反哺 : 씹어서 먹임. 까마귀 새끼가 자란 뒤에 늙은 어미 새에게 먹을 것을 물어다 준다는 뜻.
- 反 : 돌이키다 반   哺 : 먹이다 포   之 : 어조사 지   孝 : 효도 효

(27) **夫婦有別**(부부유별): (오륜의 하나) 부부 사이에는 엄격히 지켜야 할 인륜의 구별이 있음.
- 夫 : 지아비 부   婦 : 아내 부   有 : 있다 유   別 : 구별 별

(28) **夫唱婦隨**(부창부수): 남편이 주장하고 아내가 이에 따름.
- 夫 : 지아비 부   唱 : 부르다 창   婦 : 아내 부   隨 : 따르다 수

(29) **附和雷同**(부화뇌동): 일정한 주장이 없이 남의 의견에 까닭도 모르며 따라 움직임.
- 附 : 붙다 부   和 : 화하다 화   雷 : 우레 뢰   同 : 같다 동

(30) **私利私慾**(사리사욕): 개인적인 이익과 개인적인 욕심.
- 私 : 사사롭다 사   利 : 이익 리   私 : 사사롭다 사   慾 : 욕심 욕

(31) **砂上樓閣**(사상누각): 모래 위에 지은 누각. 곧 어떤 사물의 기초가 견고하지 못하여 오래 견디지 못한다는 말.
- 砂 : 모래 사   上 : 윗 상   樓 : 다락 누   閣 : 집 각

(32) **事必歸正**(사필귀정): 일은 반드시 바른 데로 돌아감. 곧 모든 일은 결과적으로 반드시 바른 길로 돌아선다는 말.
- 事 : 일 사   必 : 반드시 필   歸 : 돌아가다 귀   正 : 바르다 정

한자 성어

(33) **殺身成仁(살신성인)** : 자기 몸을 죽여 인을 이룸, 곧 다른 사람이나 대의를 위해 자기를 희생한다는 말.
- 殺 : 죽이다 살   身 : 몸 신   成 : 이루다 성   仁 : 인 인

(34) **塞翁之馬(새옹지마)** : 변방에 살고 있는 늙은이의 말. 곧 사람의 길흉화복은 늘 바뀌어 변화를 예측할 수 없다는 말.
- 塞 : 변방 새   翁 : 늙은이 옹   之 : 어조사 지   馬 : 말 마

(35) **先公後私(선공후사)** : 공적인 일을 먼저하고 사사로운 일은 나중에 한다.
- 先 : 먼저 선   公 : 공평하다 공   後 : 뒤 후   私 : 사사롭다 사

(36) **雪上加霜(설상가상)** : 눈 위에 또 서리가 덮인 격. 곧 어려운 일이 연거푸 일어남을 비유하여 이르는 말.
- 雪 : 눈 설   上 : 위 상   加 : 더하다 가   霜 : 서리 상

(37) **小貪大失(소탐대실)** : 작은 것을 욕심내다가 도리어 큰 것을 잃는다는 말.
- 小 : 작다 소   貪 : 탐하다 탐   大 : 큰 대   失 : 잃다 실

(38) **手不釋卷(수불석권)** : 손에서 책을 놓지 않고 늘 글을 읽음.
- 手 : 손 수   不 : 아니다 불   釋 : 놓다 석   卷 : 책 권

(39) **守株待兎(수주대토)** : 나무 그루터기를 지키면서 토끼를 기다린다는 뜻으로, 어리석고 융통성이 없는 사람을 비유한 말.
- 守 : 지키다 수   株 : 기둥 주   待 : 기다리다 대   兎 : 토끼 토

(40) **識字憂患(식자우환)** : 글자를 아는 것이 도리어 화의 근원이 된다는 말.
- 識 : 알다 식   字 : 글자 자   憂 : 근심 우   患 : 근심 환

한자 성어

(41) **十匙一飯**(십시일반) : 열 사람이 밥을 한 숟가락씩만 보태어도 한 사람이 먹을 밥은 된다. 즉, 여러 사람이 힘을 합하면 한 사람은 구제하기 쉽다는 말.
- 十 : 열 십   匙 : 숟가락 시   一 : 한 일   飯 : 밥 반

(42) **我田引水**(아전인수) : 제 논에 물 대기. 곧 자기에게만 이롭게 되도록 생각하거나 행동함을 뜻하는 말.
- 我 : 나 아   田 : 밭 전   引 : 끌다 인   水 : 물 수

(43) **安貧樂道**(안빈락도) : 궁하면서도 편안한 마음으로 도를 즐김.
- 安 : 편안하다 안   貧 : 가난하다 빈   樂 : 즐겁다 락   道 : 도리 도

(44) **眼下無人**(안하무인) : 눈 아래 사람이 없다. 즉, 사람됨이 교만하고 방자하여 남을 업신여김.
- 眼 : 눈 안   下 : 아래 하   無 : 없다 무   人 : 사람 인

(45) **梁上君子**(양상군자) : 대들보 위의 군자. 곧 도둑이나 쥐를 달리 일컫는 말.
- 梁 : 들보 량   上 : 윗 상   君 : 임금 군   子 : 아들 자

(46) **兩者擇一**(양자택일) : 둘 중에 하나를 택하다.
- 兩 : 둘 양   者 : 것 자   擇 : 택하다 택   一 : 하나 일

(47) **漁夫之利**(어부지리) : 어부의 이득. 곧 쌍방이 다투는 사이에 제 삼자가 힘들이지 않고 이익을 가로채는 것을 이르는 말.
- 漁 : 고기잡을 어   夫 : 지아비 부   之 : 어조사 지   利 : 이익 리

(48) **易地思之**(역지사지) : 처지를 바꾸어 생각하다. 즉 상대방의 입장에서 생각해 본다는 말.
- 易 : 바꾸다 역   地 : 땅 지   思 : 생각하다 사   之 : 어조사 지

(49) **五車之書**(오거지서) : 수레 다섯에 가득 실은 만큼 많은 장서.
- 五 : 다섯 오   車 : 수레 거   之 : 어조사 지   書 : 책 서

한자 성어

(50) **五里霧中(오리무중)** : 짙은 안개가 5리나 끼어 있는 속에 있다는 뜻. 무슨 일에 관하여 알 길이 없거나 마음을 잡지 못하여 허둥지둥함을 이름.
- 五 : 다섯 오   里 : 마을 리   霧 : 안개 무   中 : 가운데 중

(51) **烏飛梨落(오비이락)** : 까마귀 날자 배 떨어진다. 곧 공교롭게도 어떤 일이 같은 때에 일어나 남의 의심을 받게 됨을 이르는 말.
- 烏 : 까마귀 오   飛 : 날다 비   梨 : 배 리   落 : 떨어지다 락

(52) **吾鼻三尺(오비삼척)** : 내 코가 석 자. 곧 내 사정이 급하여 남을 돌볼 겨를이 없다는 말.
- 吾 : 나 오   鼻 : 코 비   三 : 석 삼   尺 : 자 척

(53) **五十步百步(오십보백보)** : 외견상 약간의 차이가 있더라도 본질적으로는 별 차이가 없다는 말.
- 五 : 다섯 오   十 : 열 십   步 : 걸음 보   百 : 일백 백   步 : 걸음 보

(54) **溫故知新(온고지신)** : 옛 것을 익히고 새 것을 앎.
- 溫 : 배우다 온   故 : 옛 고   知 : 알다 지   新 : 새 신

(55) **龍頭蛇尾(용두사미)** : 용의 머리와 뱀의 꼬리. 즉 시작은 거창하나 끝은 흐지부지하고 좋지 않다는 말.
- 龍 : 용 용   頭 : 머리 두   蛇 : 뱀 사   尾 : 꼬리 미

(56) **臥薪嘗膽(와신상담)** : 섶에 눕고 쓸개를 맛보다. 즉 목적한 것을 달성하기 위하여 온갖 괴로움을 참고 견딘다는 뜻.
- 臥 : 눕다 와   薪 : 섶나무 신   嘗 : 맛보다 상   膽 : 쓸개 담

(57) **外柔內剛(외유내강)** : 겉으로는 부드러우나 속은 꿋꿋하고 곧음.
- 外 : 바깥 외   柔 : 부드럽다 유   內 : 안 내   剛 : 굳세다 강

(58) **外華內貧(외화내빈)** : 겉은 화려하지만 속은 가난한 사람.
- 外 : 겉 외   華 : 화사하다 화   內 : 안 내   貧 : 가난하다 빈

(59) **迂餘曲折(우여곡절)** : 여러 가지로 뒤얽힌 복잡한 사정이나 변화.
- 迂 : 굽다 우   餘 : 넉넉하다 여   曲 : 굽다 곡   折 : 꺽이다 절

(60) **右往左往(우왕좌왕)** : 이리저리 오락가락함. 어떤 일을 결정짓지 못하고 망설이는 모양을 이르는 말.
- 右 : 오른쪽 우   往 : 가다 왕   左 : 왼쪽 좌   往 : 가다 왕

(61) **優柔不斷(우유부단)** : 어물어물하고 속히 결단하지 아니함.
- 優 : 부드럽다 우   柔 : 부드럽다 유   不 : 아니다 부   斷 : 판단하다 단

(62) **牛耳讀經(우이독경)** : 소 귀에 경 읽기, 즉 아무리 가르치고 일러줘도 알아듣지 못하여 효과가 없는 것을 비유한 말.
- 牛 : 소 우   耳 : 귀 이   讀 : 읽다 독   經 : 경서 경

(63) **有口無言(유구무언)** : 입은 있으나 할 말이 없다. 즉 변명할 말이 없음.
- 有 : 있다 유   口 : 입 구   無 : 없다 무   言 : 말씀 언

(64) **有名無實(유명무실)** : 이름만 있고 실상이 없다. 곧 빈 명예만 있음을 말함.
- 有 : 있다 유   名 : 이름 명   無 : 없다 무   實 : 열매 실

(65) **唯我獨尊(유아독존)** : 이 세상에서 나보다 더 높은 것이 없음.
- 唯 : 오직 유   我 : 나 아   獨 : 홀로 독   尊 : 높다 존

(66) **以心傳心(이심전심)** : 말이나 글에 의하지 않고 마음에서 마음으로 전함.
- 以 : 써 이   心 : 마음 심   傳 : 전하다 전   心 : 마음 심

한자 성어

(67) **二律背反**(이율배반) : 논리에서 타당하다고 보는 두 개의 명제가 서로 모순되는 일.
- 二 : 두 이   律 : 법률   背 : 등 배   反 : 도리어 반

(68) **因果應報**(인과응보) : 불교에서 과거 또는 전생의 선악의 인연에 따라서 뒷날 길흉화복의 갚음을 받게 됨을 이르는 말.
- 因 : 인하다 인   果 : 결과 과   應 : 응하다 응   報 : 갚다 보

(69) **一擧兩得**(일거양득) : 한 가지 일로써 두 가지의 이익을 얻음.
- 一 : 하나 일   擧 : 들다 거   兩 : 두 량   得 : 얻다 득

(70) **一魚濁水**(일어탁수) : 한 마리의 고기가 물을 흐린다는 뜻으로 한 사람의 잘못으로 여러 사람이 그 피해를 받게 되는 것을 비유하는 말.
- 一 : 하나 일   魚 : 고기 어   濁 : 탁하다 탁   水 : 물 수

(71) **一進一退**(일진일퇴) : 한 번 나아갔다 한 번 물러섰다 하거나 좋아졌다 나빠졌다 함.
- 一 : 하나 일   進 : 나아가다 진   一 : 하나 일   退 : 물러나다 퇴

(72) **一片丹心**(일편단심) : 한 조각의 붉은 마음, 곧 변치 않는 참된 마음을 이르는 말.
- 一 : 하나 일   片 : 조각 편   丹 : 붉다 단   心 : 마음 심

(73) **臨機應變**(임기응변) : 그때 그때의 형편에 따라 알맞게 일을 처리함.
- 臨 : 나아가다 임   機 : 기미 기   應 : 응하다 응   變 : 변하다 변

(74) **自激之心**(자격지심) : 자기가 한 일에 대하여 자기 스스로 미흡하게 여기는 마음.
- 自 : 스스로 자   激 : 부딪치다 격   之 : 어조사 지   心 : 마음 심

(75) **自手成家**(자수성가) : 스스로의 힘으로 어엿한 살림을 이룩하는 일.
- 自 : 스스로 자   手 : 손 수   成 : 이루다 성   家 : 집 가

한자 성어

(76) **自暴自棄**(자포기기) : 절망 상태에 빠져서 자신을 버리고 돌보지 아니함. 곧 스스로 자신을 학대하고, 스스로 자신을 내던져 될 대로 되라고 사는 것.
- 自 : 스스로 자   暴 : 사납다 포   自 : 스스로 자   棄 : 버리다 기

(77) **賊反荷杖**(적반하장) : 도둑이 도리어 매를 들다. 곧 잘못한 사람이 도리어 잘한 사람을 나무라는 경우를 이르는 말.
- 賊 : 도둑 적   反 : 돌이키다 반   荷 : 꾸짖다 하   杖 : 몽둥이 장

(78) **電光石火**(전광석화) : 번개와 돌을 쳐서 나는 불. 대단히 빠름을 비유.
- 電 : 번개 전   光 : 빛 광   石 : 돌 석   火 : 불 화

(79) **戰戰兢兢**(전전긍긍) : 몹시 두려워하여 조심하는 모양.
- 戰 : 싸우다 전   戰 : 싸우다 전   兢 : 조심하다 긍   兢 : 조심하다 긍

(80) **轉禍爲福**(전화위복) : 화가 바뀌어 도리어 복이 되다.
- 轉 : 바뀌다 전   禍 : 화 화   爲 : 되다 위   福 : 복 복

(81) **漸入佳境**(점입가경) : 경치가 점점 좋아짐. 또는 문장이 점점 재미가 남.
- 漸 : 점점 점   入 : 들다 입   佳 : 아름답다 가   境 : 지경 경

(82) **頂門一鍼**(정문일침) : 정수리에 침을 놓다. 곧 정곡을 찌르는 따끔한 충고를 이르는 말.
- 頂 : 정수리 정   門 : 문 문   一 : 하나 일   鍼 : 침 침

(83) **井底之蛙**(정저지와) : 우물 아래의 개구리. 소견이나 견문이 몹시 좁음.
- 井 : 우물 정   底 : 아래 저   之 : 어조사 지   蛙 : 개구리 와

(84) **朝令暮改**(조령모개) : 아침에 내린 명령을 저녁에 고침. 즉 법령이나 명령을 자주 바꾼다는 말.
- 朝 : 아침 조   令 : 명령하다 령   暮 : 저물다 모   改 : 고치다 개

한자 성어

(85) **朝三暮四(조삼모사)** : 아침에는 세 개, 저녁에는 네 개. 곧 간사한 잔꾀로 남을 속여 희롱함을 뜻하는 말.
- 朝 : 아침 조   三 : 석 삼   暮 : 저물다 모   四 : 넉 사

(86) **坐不安席(좌불안석)** : 불안, 근심으로 또 초조하여 한 군데에 오래 앉아 있지를 못함.
- 坐 : 앉다 좌   不 : 아니다 불   安 : 편안하다 안   席 : 자리 석

(87) **坐井觀天(좌정관천)** : 우물 속에 앉아서 하늘을 보다. 곧 견문이 좁음을 이르는 말.
- 坐 : 앉다 좌   井 : 우물 정   觀 : 보다 관   天 : 하늘 천

(88) **左衝右突(좌충우돌)** : 왼쪽으로 충돌하고 오른쪽으로 부딪치다.
- 左 : 왼 좌   衝 : 충돌하다 충   右 : 오른쪽 우   突 : 부딪치다 돌

(89) **走馬看山(주마간산)** : 말을 타고 달리면서 산천을 구경하다. 곧 이것저것을 천천히 살펴 볼 틈이 없이 바삐 서둘러 대강대강 보고 지나침을 이르는 말.
- 走 : 달리다 주   馬 : 말 마   看 : 보다 간   山 : 산 산

(90) **衆寡不敵(중과부적)** : 적은 인원으로 많은 인원을 대적하지 못함.
- 衆 : 무리 중   寡 : 적다 과   不 : 아니다 부   敵 : 대적하다 적

(91) **至誠感天(지성감천)** : 정성이 지극하면 하늘도 감동한다. 곧 지극한 정성으로 하면 어려운 일도 이루어지고 풀린다는 말.
- 至 : 지극하다 지   誠 : 정성 성   感 : 느끼다 감   天 : 하늘 천

(92) **進退兩難(진퇴양난)** : 앞으로 나갈 수도 물러날 수도 없는 어려운 궁지에 빠짐.
- 進 : 나아가다 진   退 : 물러나다 퇴   兩 : 두 양   難 : 어렵다 난

(93) **取捨選擇(취사선택)** : 취할 것과 버릴 것을 가림.
- 取 : 취하다 취   捨 : 버리다 사   選 : 가리다 선   擇 : 택하다 택

한자 성어

(94) **他山之石(타산지석)** : 다른 산에서 나는 하찮은 돌도 자신의 옥을 가는데 쓰일 수 있다. 곧 타인의 하찮은 언행일지라도 자신의 지덕(知德)을 닦는데 도움이 된다는 말.
- 他 : 다르다 타   山 : 뫼 산   之 : 어조사 지   石 : 돌 석

(95) **卓上空論(탁상공론)** : 실현성이 없는 헛된 이론.
- 卓 : 탁자 탁   上 : 윗 상   空 : 비다 공   論 : 논하다 논

(96) **兎死狗烹(토사구팽)** : 토끼를 다 잡고 나면 사냥개를 삶다. 곧 필요할 때에는 소중히 여기다가 그 일이 끝나면 천대하고 없애 버린다는 의미로 쓰이는 말.
- 兎 : 토끼 토   死 : 죽이다 사   狗 : 개 구   烹 : 삶다 팽

(97) **破竹之勢(파죽지세)** : 대나무를 가르는 거침없는 기세. 곧 맹렬한 기세로 적을 향해 밀고 들어가는 형세를 비유한 말.
- 破 : 깨뜨리다 파   竹 : 대나무 죽   之 : 어조사 지   勢 : 세력 세

(98) **八方美人(팔방미인)** : 어느 모로 보아도 아름다운 미인. 누구에게나 두루 곱게 보이게 처세하는 사람.
- 八 : 여덟 팔   方 : 방위 방   美 : 아름답다 미   人 : 사람 인

(99) **表裏不同(표리부동)** : 겉과 속이 다르다.
- 表 : 겉 표   裏 : 속 리   不 : 아니다 부   同 : 같다 동

(100) **風樹之嘆(풍수지탄)** : 바람을 맞고 있는 나무의 탄식. 곧 어버이가 돌아가시어 효도하고 싶어도 할 수 없는 슬픔을 이르는 말.
- 風 : 바람 풍   樹 : 나무 수   之 : 어조사 지   嘆 : 탄식하다 탄

(101) **鶴首苦待(학수고대)** : 학처럼 목을 빼고 기다린다는 뜻. '몹시 기다림'을 뜻하는 말.
- 鶴 : 학 학   首 : 머리 수   苦 : 쓰다 고   待 : 기다리다 대

한자 성어

(102) **螢雪之功(형설지공)** : 반딧불과 눈빛으로 공부하여 얻은 보람. 곧 고생하여 이룬 보람을 이르는 말.
- 螢 : 반딧불 형   雪 : 눈 설   之 : 어조사 지   功 : 공 공

(103) **狐假虎威(호가호위)** : 여우가 호랑이의 위세를 빌리다. 곧 남의 권세를 빌어 위세를 부리는 것을 말함.
- 狐 : 여우 호   假 : 빌리다 가   虎 : 범 호   威 : 위엄 위

(104) **糊口之策(호구지책)** : 입에 풀칠하다라는 뜻으로, 겨우 먹고 살아가는 방책.
- 糊 : 풀 호   口 : 입 구   之 : 어조사 지   策 : 책략 책

(105) **豪言壯談(호언장담)** : 분수에 맞지 않는 말을 큰소리로 자신있게 말함.
- 豪 : 뛰어나다 호   言 : 말씀 언   壯 : 씩씩하다 장   談 : 말씀 담

(106) **惑世誣民(혹세무민)** : 세상 사람을 미혹하게 하여 속임.
- 惑 : 혹되다 혹   世 : 세상 세   誣 : 속이다 무   民 : 백성 민

(107) **昏定晨省(혼정신성)** : 저녁에 이부자리를 보고, 아침에 자리를 돌아보다. 곧 자식이 아침 저녁으로 부모의 안부를 물어서 살핌을 이르는 말.
- 昏 : 어둡다 혼   定 : 정하다 정   晨 : 새벽 신   省 : 살피다 성

(108) **畵龍點睛(화룡점정)** : 용을 그리고 나서 마지막으로 눈동자를 그려 넣어 그림을 완성하다. 곧 어떤 사물의 가장 중요한 부분을 완성시키는 것을 이르는 말.
- 畵 : 그림 화   龍 : 용 용   點 : 점 점   睛 : 눈동자 정

(109) **畵蛇添足(화사첨족)** : 뱀을 그리고 나서 있지도 아니한 발을 덧붙여 그려 넣는다는 뜻으로, 쓸데없는 일을 하여 손해를 본다는 뜻.
- 畵 : 그림 화   蛇 : 뱀 사   添 : 첨가하다 첨   足 : 발 족

한자 성어

(110) **畫中之餠**(화중지병) : 그림의 떡. 그림에 그린 떡은 먹을 수 없으므로 아무 소용없는 것의 비유로 쓰임.
- 畫 : 그림 화   中 : 가운데 중   之 : 어조사 지   餠 : 떡 병

(111) **換骨奪胎**(환골탈태) : 뼈대를 바꾸어 끼고 태를 바꾸어 쓴다. ① 고인(古人)의 시문의 뜻을 따고 그 어구만 고치어 자기의 시문으로 하는 일. 고인의 시를 본떠 작시함을 '환골'이라 하고, 고시의 뜻을 바꾸어 표현함을 '탈태'라 하는 데서, 선인의 시나 문장을 살리되 자기 나름의 새로움을 보태어 자기 작품으로 삼는 일, ② 얼굴이나 모습이 이전에 비하여 놀라보게 좋아졌음을 비유하여 이르는 말.
- 換 : 바꾸다 환   骨 : 뼈 골   奪 : 빼앗다 탈   胎 : 태아 태

(112) **荒唐無稽**(황당무계) : 말이나 행동이 터무니없고 허황하며 근거가 없음.
- 荒 : 거칠다 황   唐 : 당나라/허풍 당   無 : 없다 무   稽 : 상고하다 계

(113) **會者定離**(회자정리) : 만나면 언젠가는 헤어지게 되어 있다는 뜻으로, 인간의 힘으로는 어찌할 수 없는 이별의 아쉬움을 일컫는 말.
- 會 : 모일 회   者 : 사람 자   定 : 정할 정   離 : 떠날 리

(114) **孝悌忠信**(효제충신) : 어버이에 대한 효도, 형제끼리의 우애, 임금에 대한 충성과 벗 사이의 믿음을 통틀어 이르는 말.
- 孝 : 효도 효   悌 : 공경하다 제   忠 : 충성 충   信 : 믿을 신

(115) **興亡盛衰**(흥망성쇠) : 흥하고 망함과 성하고 쇠함.
- 興 : 일어나다 흥   亡 : 망하다 망   盛 : 성하다 성   衰 : 쇠하다 쇠

(116) **興盡悲來**(흥진비래) : 즐거운 일이 다하면 슬픈 일이 옴, 곧 흥망성쇠가 순환하는 것을 이르는 말.
- 興 : 일어나다 흥   盡 : 다하다 진   悲 : 슬프다 비   來 : 오다 래

퍼즐과 성어의 만남

풀이

퍼즐과 성어의 만남 – 풀이

1.朝三暮四(조삼모사)

* 朝三暮四(조삼모사) : 아침에 3개 저녁에 4개라는 뜻으로, 간사한 꾀로 남을 속여 농락함을 이르는 말.
* 面從腹背(면종복배) : 보는 얼굴 앞에서는 복종하는 체하면서 내심으로는 배반한다.
* 一朝一夕(일조일석) : 하루아침, 하루 저녁이란 뜻으로 대단히 짧은 시간.
* 四面楚歌(사면초가) : 사방에서 초나라 노래가 들려온다. 주위가 모두 적으로 둘러싸여 고립된 경우.
* 背水之陣(배수지진) : 물을 등지고 치는 진법. 어떤 일에 실패하면 다시는 일어설 수 없다는 결사적인 각오로 임함.

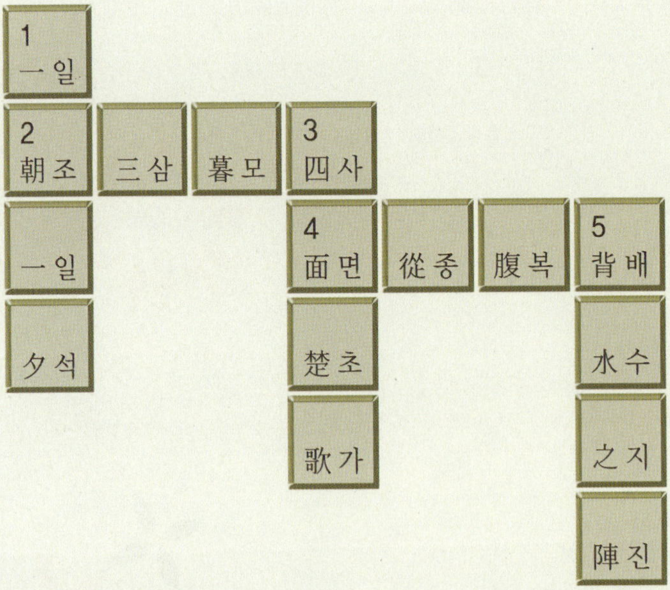

퍼즐과 성어의 만남 – 풀이

2. 三十六計(삼십육계)

* 先見之明(선견지명) : 앞일을 미리 짐작하는 밝은 지혜.
* 以心傳心(이심전심) : 말이나 글에 의하지 않고, 마음에서 마음으로 전해짐.
* 三十六計(삼십육계) : 서른여섯 가지의 계책. 달아나는 일을 속되게 이르는 말. 어려운 때는 도망하여 몸을 보전함이 상책임.
* 見物生心(견물생심) : 물건을 보면 그것을 갖고 싶은 욕심이 생김.
* 以熱治熱(이열치열) : 열로써 열을 다스림. 강한 것에는 강한 것으로 상대함을 이르는 말.
* 作心三日(작심삼일) : 마음먹은 지 사흘을 못 넘김. 결심이 굳지 못함.

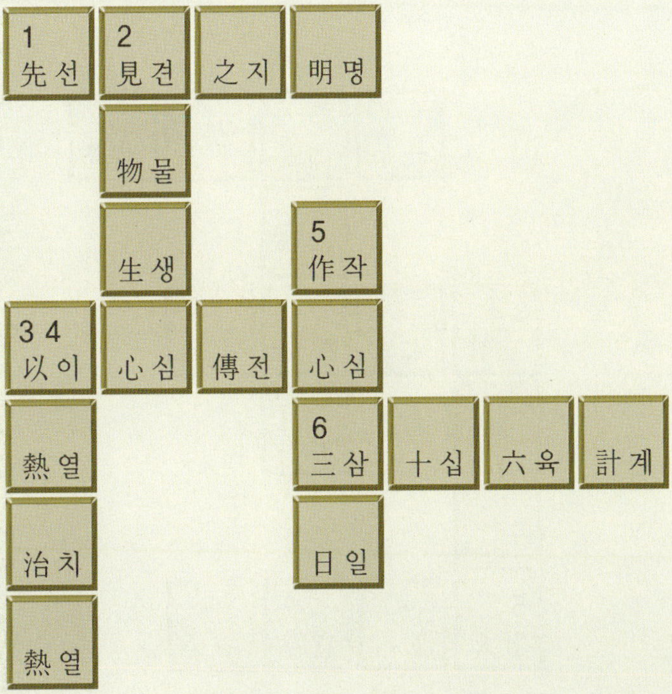

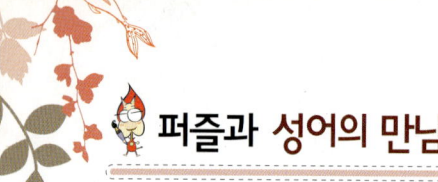

3. 三人成虎(삼인성호)

- 杜門不出(두문불출) : 문을 닫아 걸고 나오지 않다. 집안에 틀어박혀 세상 밖으로 나다니지 않다.
- 三人成虎(삼인성호) : 세 사람이 짜면 시장에 호랑이가 나타났다는 말도 할 수 있다. 거짓말이라도 여러 사람이 말하면 곧이 듣게 됨.
- 五里霧中(오리무중) : 사방(四方) 5리에 안개가 덮여 있는 속. 사물의 행방이나 사태의 추이를 알 길이 없음의 비유.
- 門前成市(문전성시) : 문 앞이 시장을 이루다. 세도가의 집 앞이 찾아 오는 사람들로 시장처럼 붐빈다는 말.
- 三三五五(삼삼오오) : 서넛이나 대여섯 명이 떼 지어 다니는 경우.

	1 杜 두	2 門 문	不 불	出 출
		前 전		
3 4 三 삼	人 인	成 성	虎 호	
三 삼		市 시		
五 오				
5 五 오	里 리	霧 무	中 중	

퍼즐과 성어의 만남 – 풀이

4. 多多益善(다다익선)

- 多多益善(다다익선) : 많으면 많을수록 좋다.
- 張三李四(장삼이사) : 장씨네 셋째 아들과 이씨네 넷째 아들. 지극히 평범한 사람을 이르는 말.
- 父子有親(부자유친) : 어버이와 자식간에는 친함이 있어야 한다는 오륜(五倫)의 항목.
- 益者三友(익자삼우) : 사귀어 유익한 벗 세 가지. 즉 정직한 벗, 신의가 있는 벗, 지식이 많은 벗.
- 四顧無親(사고무친) : 사방을 돌아보아도 친척이 없음. 의지 할만 데가 전혀 없음.
- 有口無言(유구무언) : 입은 있으나 말이 없음. 변명할 말이 없음.

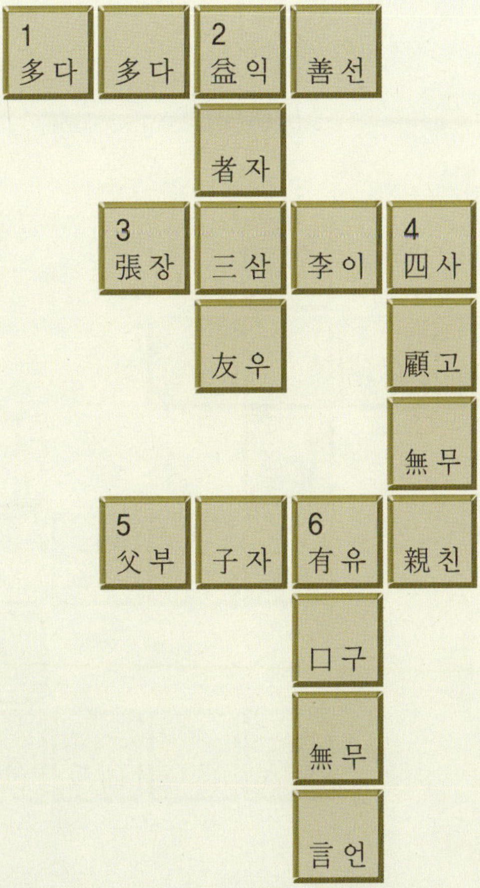

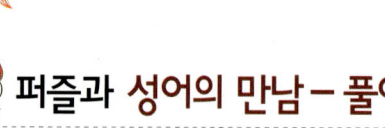

5. 兎死狗烹(토사구팽)

- 兎死狗烹(토사구팽) : 날쌘 토끼가 죽으니 사냥개는 소용없게 되어 삶아 먹힌다. 쓸모가 있을 때는 긴요하게 쓰이다가 쓸모가 없어지면 버림을 받음.
- 月下老人(월하노인) : 달빛아래 노인이라는 뜻으로, 부부의 인연을 맺어 준다는 전설의 노인을 일컬음.
- 草綠同色(초록동색) : 풀빛과 녹색은 같은 빛깔임. 같은 처지나 경우의 사람들끼리 어울려 행동함을 비유.
- 堂狗風月(당구풍월) : 서당개 삼 년에 풍월 짓는다. 무식한 사람이라도 유식한 사람들과 오래 사귀게 되면 자연히 견문이 생김.
- 十人十色(십인십색) : 열 사람의 열 가지 빛깔. 생각이나 취향이 사람마다 제각기 다름.

		2 堂 당			
1 兎 토	死 사	狗 구	烹 팽		
		風 풍			4 十 십
		3 月 월	下 하	老 노	人 인
					十 십
		5 草 초	綠 록	同 동	色 색

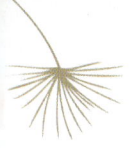

6.刻舟求劍(각주구검)

- 吳越同舟(오월동주) : 서로 원수 사이인 오나라와 월나라 사람이 같은 배에 타고 있음. 아무리 원수사이라도 같이 어려운 처지에 놓이게 되면 서로 협력하게 된다는 뜻.
- 見蚊拔劍(견문발검) : 모기를 보고 칼을 뽑는다. 하찮은 일에 너무 크게 덤빔.
- 君臣有義(군신유의) : 임금과 신하사이에 의리가 있어야 함.
- 刻舟求劍(각주구검) : 배에 새기어 칼을 찾다. 어리석고 미련하여 융통성이 없음.
- 見利思義(견리사의) : 눈앞에 이익이 보일 때 먼저 그것이 의리에 합당한가를 생각함.
- 四君子(사군자) : 매화 · 난초 · 국화 · 대나무를 말함. 고결한 아름다움이 군자에 비유됨.

						1 刻 각
			2 吳 오	越 월	同 동	舟 주
						求 구
			3 4 見 견	蚊 문	拔 발	劍 검
			利 리			
6 四 사			思 사			
5 君 군	臣 신	有 유	義 의			
子 자						

퍼즐과 성어의 만남 - 풀이

7. 破竹之勢(파죽지세)

* 竹馬故友(죽마고우) : 죽마(대말)를 타고 함께 놀던 친구. 어릴때부터 같이 놀며 자란 오랜 친구.
* 累卵之勢(누란지세) : 알을 쌓아 놓은 듯한 형세. 곧 매우 위태로운 형세.
* 以卵投石(이란투석) : 달걀을 돌에 던지다. 약한 것으로 강한 것을 당해 내려는 어리석은 짓.
* 破竹之勢(파죽지세) : 대를 쪼갤 때와 같은 형세.
* 交友以信(교우이신) : 친구를 사귐에 믿음으로서 사귄다. 세속오계(世俗五戒)의 하나.

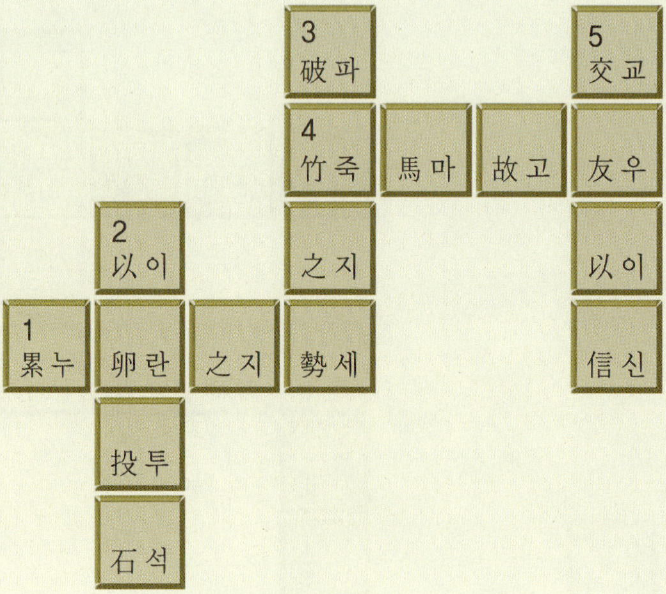

8. 結草報恩(결초보은)

- 結草報恩(결초보은) : 풀을 묶어 은혜에 보답함. 죽어 혼령이 되어서라도 은혜를 잊지 않고 갚음을 이르는 말.
- 解語花(해어화) : 말을 알아듣는 꽃. 미인을 일컫는 말.
- 日就月將(일취월장) : 날마다 나아지고 달마다 나아짐. 하루가 다르게 진보함.
- 結者解之(결자해지) : 맺은 사람이 그것을 풀음. 일을 저지른 사람이 그 일 때문에 생긴 문제를 해결해야 함을 이르는 말.
- 花無十日紅(화무십일홍) : 꽃은 열흘 붉은 꽃이 없다. 한 번 성한 것은 얼마 못가서 반드시 쇠해짐.
- 獨不將軍(독불장군) : 혼자서는 장군을 못한다. 저 혼자 잘난체하며 뽐내다가 남에게 핀잔을 받고 고립된 처지에 있는 사람. 또는 잘난 체 하며 혼자서 모든 일을 처리하는 사람.

1 2 結 결	草 초	報 보	恩 은		
者 자					
3 解 해	語 어	4 花 화			
之 지		無 무			6 獨 독
		十 십			不 불
		5 日 일	就 취	月 월	將 장
		紅 홍			軍 군

# 퍼즐과 성어의 만남 - 풀이

9. 尾生之信(미생지신)

- 自中之亂(자중지란) : 자기네 한 동아리 안에서 일어나는 싸움.
- 得意滿面(득의만면) : 뜻을 이루어 기쁜 표정이 얼굴에 가득함.
- 尾生之信(미생지신) : 미생의 믿음. ①약속을 굳게 지킴의 비유. ②고지식하여 융통성이 없음의 비유.
- 自業自得(자업자득) : 스스로의 업을 스스로가 얻음. 자기가 저지른 일의 결과를 자기 자신이 받음.
- 意氣揚揚(의기양양) : 의기가 드높아 매우 자랑스럽게 행동하는 모양.

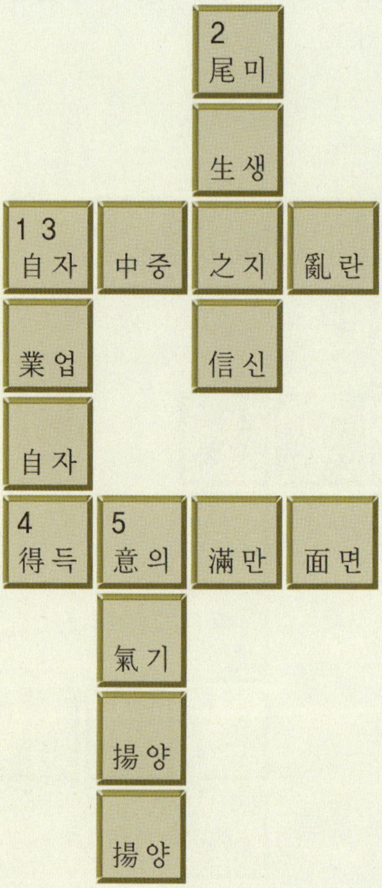

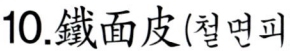

10. 鐵面皮(철면피)

- 一字無識(일자무식) : 글자를 한 자도 모를 정도로 무식함.
- 養虎遺患(양호유환) : 호랑이를 길러 후환을 남기다. 스스로 화근을 만들어 화를 입음.
- 鐵面皮(철면피) : 무쇠처럼 두꺼운 낯가죽. 얼굴에 철판을 깐듯 뻔뻔스럽고 염치없는 사람.
- 群鷄一鶴(군계일학) : 닭의 무리 속에 한 마리의 학. 여러 사람 가운데 유독 뛰어난 사람.
- 識字憂患(식자우환) : 글자를 아는 것이 근심거리가 됨. 아는 것이 병이다.
- 虎死留皮(호사유피) : 호랑이는 죽어서 가죽을 남긴다.

	1 群 군			
	鷄 계			
	2 一 일	字 자	無 무	3 識 식
	鶴 학			字 자
				憂 우
	4 養 양	5 虎 호	遺 유	患 환
		死 사		
		留 유		
6 鐵 철	面 면	皮 피		

퍼즐과 성어의 만남 – 풀이

11. 愚公移山(우공이산)

* 古今東西(고금동서) : 예와 이제. 동양과 서양. 이제까지의 모든 시대와 모든 지역.
* 走馬看山(주마간산) : 말을 타고 달리면서 산을 봄. 어떤 사물에 대해 자세히 관찰하지 않고 대충대충 지나침.
* 萬古絕色(만고절색) : 오랜 세월 동안 유례가 없을 만큼 뛰어난 미인.
* 東奔西走(동분서주) : 동쪽으로도 달리고 서쪽으로도 달려감. 여기 저기 바쁘게 돌아다님.
* 愚公移山(우공이산) : 우공(愚公)이 산을 옮김. 어떤 일이든지 끊임없이 노력하면 마침내 성공함.

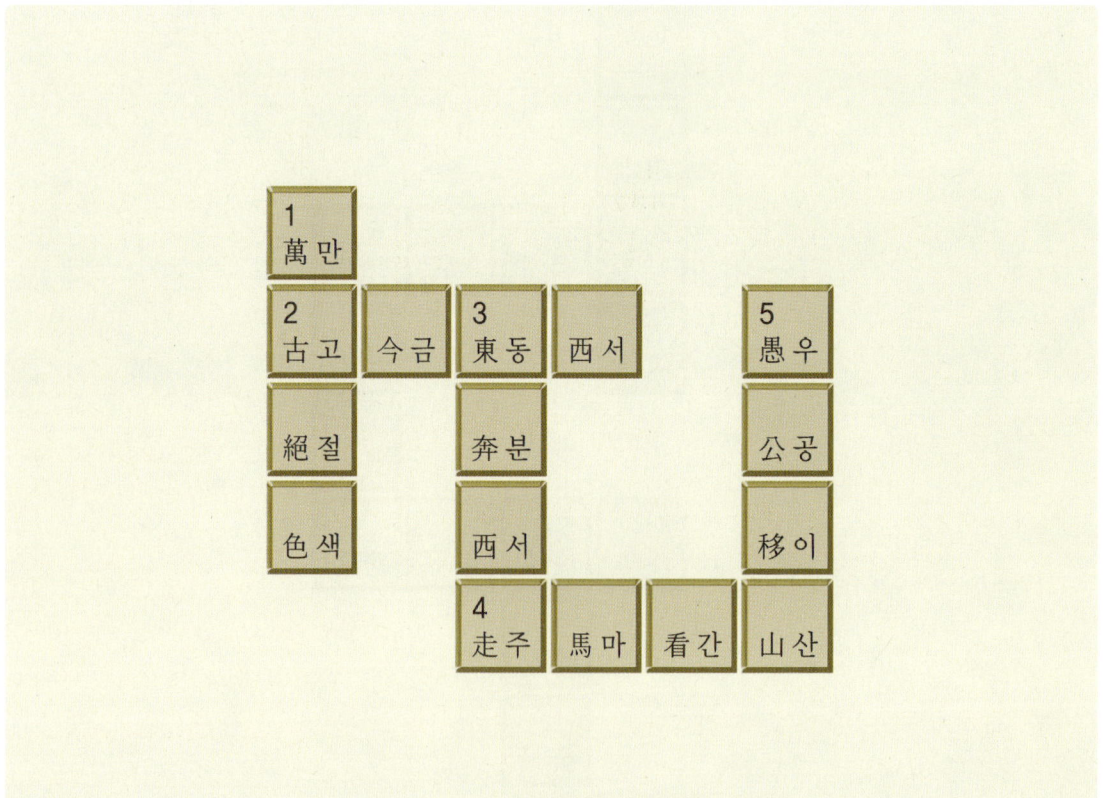

퍼즐과 성어의 만남 - 풀이

12. 塞翁之馬(새옹지마)

- **塞翁之馬**(새옹지마) : 변방 늙은이의 말. 인생에 있어서의 길흉화복은 항상 바뀌어 미리 헤아릴 수가 없다는 말.

- **風前燈火**(풍전등화) : 바람 앞의 등불. 존망이 달린 매우 위급한 경우.

- **不可思議**(불가사의) : 생각해 보고 논의해 볼 수 없음. 상식으로는 생각할 수 없는 이상야릇한 일.

- **馬耳東風**(마이동풍) : 말의 귀에 동풍이 불어도 말은 아랑곳하지 않는다. 남의 의견이나 비평을 전혀 귀담아 듣지 않고 곧 흘려 버림.

- **燈下不明**(등하불명) : 등잔 밑이 어둡다. 가까이 있는 것을 도리어 잘 모름.

- **電光石火**(전광석화) : 번갯불과 부싯돌의 불꽃. 몹시 짧은 시간, 또는 매우 재빠른 동작을 비유함.

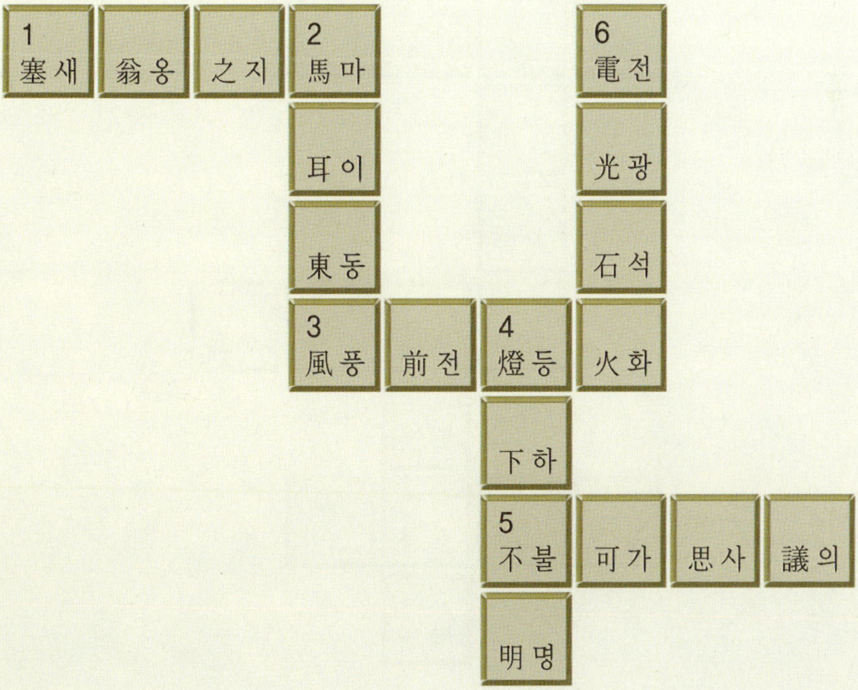

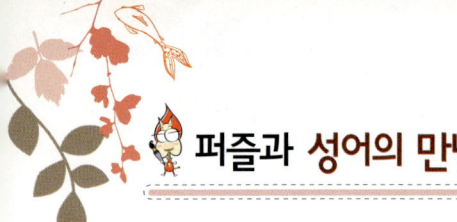

13. 水魚之交(수어지교)

- 聞一知十(문일지십) : 한 가지를 들으면 열 가지를 안다. 지극히 총명함.
- 水魚之交(수어지교) : 물과 물고기의 사귐. 물고기가 물을 떠나서 살 수 없듯이 아주 친밀하여 떨어 질 수 없는 아주 가까운 사이.
- 身土不二(신토불이) : 몸과 흙은 둘이 아님.
- 一魚濁水(일어탁수) : 한 마리의 물고기가 온 물을 흐린다. 한 사람의 잘못으로 여러 사람이 피해를 입게 됨.
- 魚魯不辨(어로불변) : '어(魚)' 자와 '노(魯)' 자를 구별 못하다. 낫 놓고 기역자도 모르듯 매우 무식함을 일컫는 말.

1 聞 문	2 一 일	知 지	十 십	
	魚 어			
	濁 탁			
	3 水 수	4 魚 어	之 지	交 교
		魯 로		
5 身 신	土 토	不 불	二 이	
		辨 변		

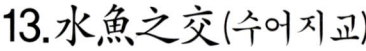

14. 毛遂自薦(모수자천)

- 九牛一毛(구우일모) : 아홉마리 소의 털 가운데서 한 개의 털. 썩 많은 것 중의 극히 적은 부분.
- 始終一貫(시종일관) : 처음부터 끝까지 하나로 꿰다. 처음부터 끝까지 한결 같다.
- 自暴自棄(자포자기) : 스스로를 해치고 스스로를 버림. 절망 상태에 빠져서, 스스로 자신을 포기하여 돌아보지 않음.
- 九死一生(구사일생) : 여러 차례 죽을 고비를 겪고 겨우 살아남.
- 毛遂自薦(모수자천) : 모수(毛遂)가 자기 자신을 천거함. 자기가 자기를 추천함.
- 自手成家(자수성가) : 물려받은 재산 없이 스스로의 힘으로 한 살림을 이룩함.

		1 2 九 구	牛 우	一 일	4 毛 모			
		死 사			遂 수			
3 始 시	終 종	一 일	貫 관		5 自 자	暴 포	6 自 자	棄 기
		生 생			薦 천		手 수	
							成 성	
							家 가	

퍼즐과 성어의 만남 – 풀이

15. 漁夫之利(어부지리)

* 登龍門(등용문) : 용문(龍門)에 오르다. 입신출세에 연결되는 어려운 관문이나 시험을 비유하여 이르는 말.

* 龍頭蛇尾(용두사미) : 용의 머리에 뱀의 꼬리. 처음은 좋으나 끝이 좋지 않음.

* 魚頭肉尾(어두육미) : 물고기는 대가리 쪽이 맛이 있고, 짐승의 고기는 꼬리 쪽이 맛이 있다는 말.

* 漁夫之利(어부지리) : 어부의 이익. 쌍방이 다투는 틈을 이용해 제삼자가 애쓰지 않고 가로챈 이득.

* 他山之石(타산지석) : 다른 산의 돌이라는 뜻으로, 다른 산에서 나는 거칠고 나쁜 돌이라도 숫돌로 쓰면 자기의 옥을 갈 수가 있음. 즉, 다른 사람의 하찮은 언행이라도 자신의 지식과 인격을 수양하는 데에 도움이 될 수 있음을 비유적으로 이르는 말.

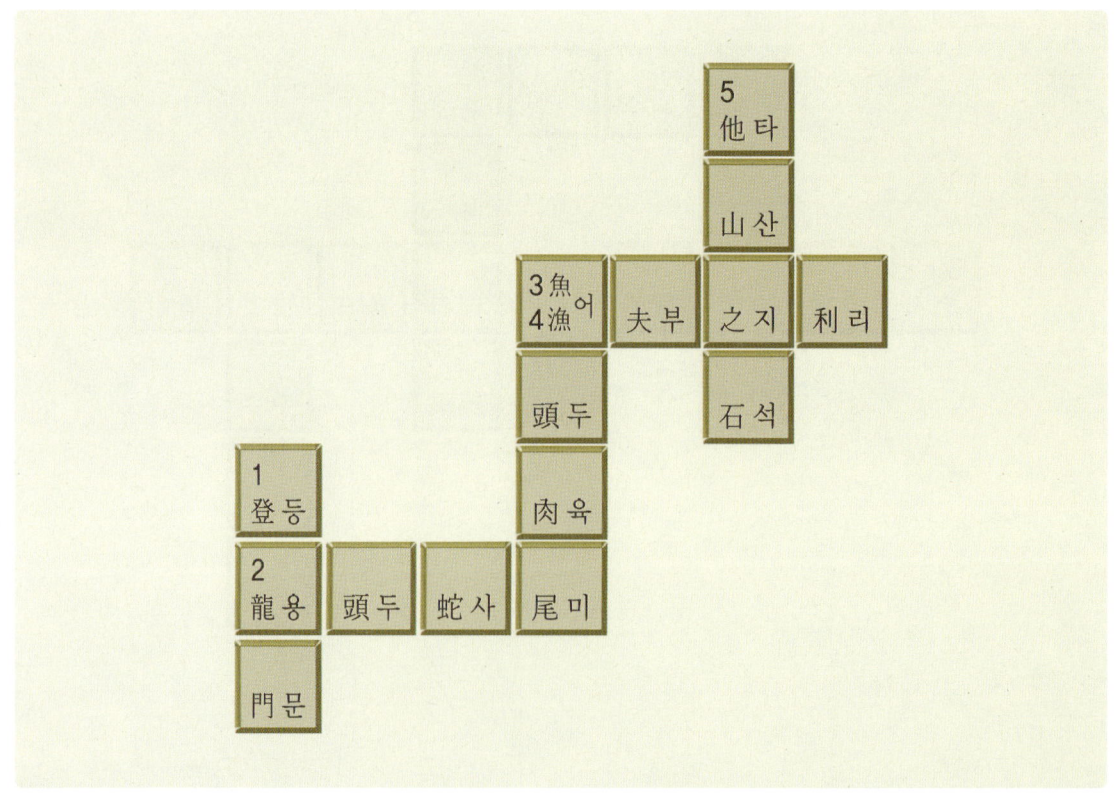

파자 수수께끼

정답

파자 수수께끼 - 정답

1. 朝三暮四(조삼모사)
(1) 只(다만 지) (2) 朝(아침 조)

3. 三人成虎(삼인성호)
(1) 重(무거울 중) + 力(힘 력) = 動(움직일 동) (2) 羊(양 양) + 大(큰 대) = 美(아름다울 미)
(3) 安(편안할 안) + 木(나무 목) = 案(책상 안)

5. 兔死狗烹(토사구팽)
(1) 田(밭 전) + 力(힘 력) = 男(사내 남) (2) 目(눈 목) + 少(작을 소) = 省(살필 성)
(3) 我(나 아) + 羊(양 양) = 義(옳을 의)

7. 破竹之勢(파죽지세)
(1) 木(나무 목) + 人(사람 인) + 人(사람 인) = 來(올 래)
(2) 羊(양 양) + 食(먹을 식) = 養(기를 양)
(3) 吾(나 오) + 言(말씀 언) = 語(말씀 어)

9. 尾生之信(미생지신)
(1) 木(나무 목) + 利(이로울 리) = 梨(배나무 리) (2) 口(입 구) + 矢(화살 시) = 知(알 지)
(3) 士(선비 사) + 心(마음 심) = 志(뜻 지)

11. 愚公移山(우공이산)
(1) 日(해 일) + 音(소리 음) = 暗(어두울 암) (2) 言(말씀 언) + 成(이룰 성) = 誠(정성 성)
(3) 月(달 월) + 其(그 기) = 期(기약할 기)

13. 水魚之交(수어지교)
(1) 子(아들 자) + 系(이을 계) = 孫(손자 손) (2) 二(두 이) + 人(사람 인) = 仁(어질 인)
(3) 人(사람 인) + 立(설 립) = 位(자리 위)